pen BOOKS

ロシア東欧デザイン

ロシア・東欧デザイン

ペン編集部【編】

阪急コミュニケーションズ

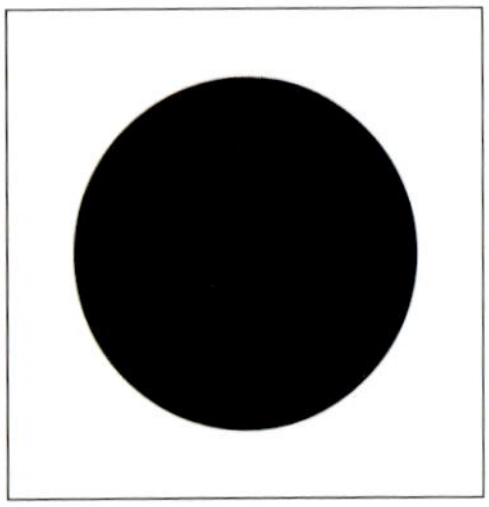

ヨーロッパを西と東に隔てていた壁が崩れて、20余年。かつて壁の向こう側にあった、さまざまなデザインたちが、いくつもの時代を越えて、21世紀のわれわれを魅了しようとしている。

　コルセットのような構造をした、ロドチェンコの読書椅子。マレーヴィッチによる半円形のティーカップ。六角形の窓を持ったメーリニコフの住宅。それらは、革命直後のソ連が、いかにデザイン大国だったかを伝えている。

　チェコの名車タトラは、おしゃれな宇宙船のようだし、東ドイツの照明には、懐かしい未来主義が宿る。そして、ポーランドの映画ポスターのアート性。リノカットによるチャペックの装丁のオリジナリティ。東欧の

デザイン・レベルは、かくも圧倒的だ。

　冷戦が終わり、世界が唯一の超大国の手で、ひとつの色に染め上げられようとしていくなかで、われわれは、多様性の手触りを懐かしく思い出す。

　だからこそ、いまロシアと東欧のレトロ・デザインを、頭のすみにそっと置いてみよう。世界がいつまでも、違う匂い、違うかたち、違う思いで包まれるように。

ロシア東欧デザイン

目次

ロシア・東欧デザイン

ロシア・東欧に学ぶエディトリアル・デザイン

※本書は『Pen』2003年7月1日号「東欧&ロシアのレトロ・デザインを見直せ。」、2004年2月1日号「和のデザイン」より「味があるから、おもしろいロシアカメラ主義。」、2007年2月1日号「レトロな魅力がいっぱい、東欧のグラフィック」の各特集をもとに再構成・再編集したものです。

時代を超えた
デザインの巨匠たち

ロシア東欧デザイン

ロドチェンコという天才が、発想したこと。

幾何学形態が幾重にも重なるオブジェの前で、機械のような美しさで立つ長身の男。パイプを手にしたその男の眼は、未来への革新の意欲と自分たちが芸術の開拓者であるという自負に満ちている。社会を独自の視線で切り開く鋭さも見てとれる。

この男こそがアレクサンドル・ロドチェンコ。独自の「視線」にうかがえる、短くそして最も熱い芸術運動だったロシア・アヴァンギャルドの雄としての存在感こそが、私たちがいまも彼から目を離せない理由だ。

時は1920年代。モスクワの中心部にある彼の家には常に、彼と同じ思いの友人たちが集まっていた。あるいは市内の「カフェ・ピトレスク」で、詩人のウラジーミル・マヤコフスキーやセルゲイ・トレチャコフなど、アヴァンギャルドの芸術家によって結成された「レフ（芸術左翼戦線）」の面々が語りあっていた。男たちは皆、ロドチェンコを真似した坊主刈り。ロドチェンコは、話の合間に手品をし、皆を楽しませたりもした。妻のステパーノヴァは陽気な女性で、彼女のほがらかな笑い声も場を盛り上げた。

夢多きアーティストが引き寄せられるように集まってきたリビングのテーブルで、街のカフェで、ロドチェンコがこう口にする。

「未来こそ、僕たちのゴールだ！」

未来を目指し、絵画からポスターまで幅広い才能を示したロドチェンコの実験精神が国際的な場で示されたのは、1925年のパリ装飾美術展においてである。友人でもある建築家、コンスタンティン・メーリニコフの設

1925年のパリ装飾美術展で発表された「労働者クラブ」の読書テーブル。バタフライ式に折り畳めるテーブル天板は、水平にすることで幅広テーブルとして使用できるように考えられている。椅子は肘かけがかなり高い位置にあり、独特のプロポーションが視覚的な強さを生み出す。岐阜県現代陶芸美術館で2003年に開催された「ロシア・アヴァンギャルドの陶芸展」のために2003年、1925年デザインに基づき再制作された。アレクサンドル・ロドチェンコ作、監修・アレクサンドル・ラヴレンチエフ、制作指導・吉島忠男、岐阜県現代陶芸美術館所蔵。

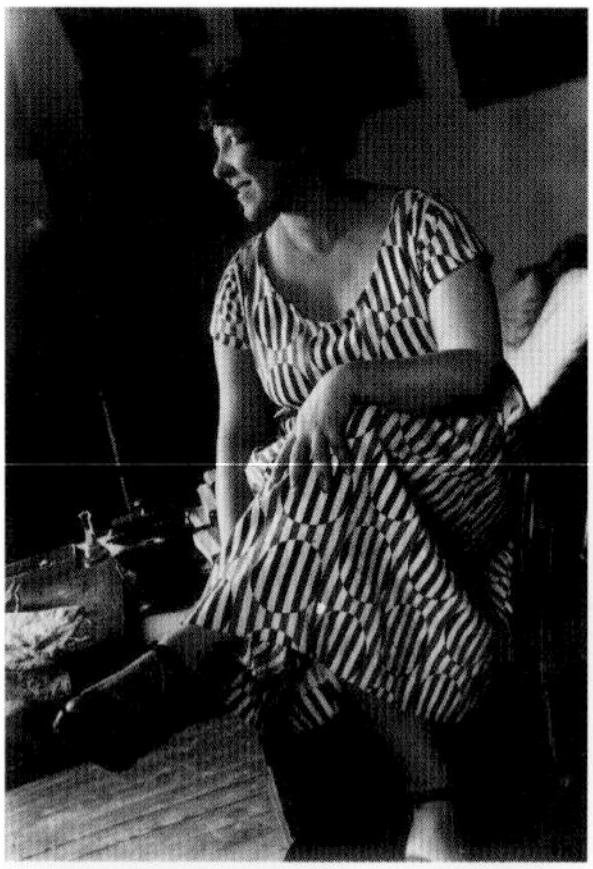

右上：「空間構成」の作品を背後に、自作の「生産主義の服のデザイン」に身を包むロドチェンコ。右下：パリ装飾美術展(1925年)の「労働者クラブ」。左上：自作の服を着たステパーノヴァ。左下：構成主義者たちの夕べ(1924年)。手前にいるのが、ロドチェンコ。

Photos by ©Rodchenko & Stepanova archive

計によるパヴィリオン、ソヴィエト館に「労働者クラブ」がつくられ、インテリアと家具を彼がデザインしたのだ。

特権階級のサロンではなく、労働者の文化施設をプレゼンテーションするという重要な役割を担う部屋を、彼は幾何学形態が立体となったような読書台や、肘かけが腰よりずっと上にある不思議なプロポーションの椅子などで構成した。読書台の天板は折り畳み式で、テーブルの役割を兼ねている。他にチェス盤とテーブルとが一体となった家具もある。天板を地面と垂直にしないと椅子から離れられず、「ゲームが終わるまで離れられない」、諧謔《かいぎゃく》的でさえあるテーブルだ。

鋭い斜めの線で構成され、原色で彩られたこれらの家具は、分解のしやすさも計算されていた。このことは、ロドチェンコとステパーノヴァが舞台美術で実績を積んでいたことを示すものであると同時に、彼らにとっては家具も機械的な機能を持つ存在だったことを

ロドチェンコが1922年、ヴフテマスのために手がけたティーセット。紙に描かれた図を磁器の表面に実現することが難しく、制作されなかった。「ロシア・アヴァンギャルドの陶芸展」のために行われた1922年デザインに基づく実制作では、正面図から三次元形状を計算し、転写技術を駆使しながらデザインを忠実に再現。ロドチェンコが夢見た生活に生きる幾何学模様がついに完成した。アレクサンドル・ロドチェンコ作 2003年、監修・アルクサンドル・ラヴレンチエフ、制作指導・長谷川善一、岐阜県現代陶芸美術館所蔵

示すものだろう。ところで、ロドチェンコが国外の土を踏んだのは、唯一、このパリへの旅のみだった。しかもすぐに郷土に帰りたがったのだという。各地を旅した同時代のアーティスト、エル・リシツキーとは実に対象的に、ロシアに生涯を捧げた男だった。

ロドチェンコは日常に用いるものとして陶器も手がけた。ロシア版バウハウスとも言うべき「ヴフテマス」（国立高等芸術技術工房）の陶芸部門のためにデザインした陶器は、赤の円に三角形が鋭く差し込まれ、緻密に組織化された幾何学が「構成主義」の美を極めていた。彼らが身につけていたワークスーツやワンピースも「構成」の美しさを備えた「生活のための道具」だった。

なぜロシアに、ロドチェンコたちのようなアヴァンギャルドのムーブメントが生まれたのだろうか。

ロシアに前衛的なアートの流れが生じるのは１９１０年代のこと。その背景には、さま

ざまな芸術活動があった。「コンポジション」シリーズで抽象絵画の表現を開拓し、構成主義誕生の地となったインフク（芸術文化研究所）の初代所長も務めたワシリー・カンディンスキー。具体的な対象を一切描かず、精神的な世界を抽象の形にするカジミール・マレーヴィッチ。キャンバスから独立した鉄や木材でレリーフをつくったウラジーミル・タトリン。いずれも、古い芸術とは決別しようという前衛の動きである。さらには、1909年に、「機械」や「スピード」の美学をいち早く宣言したイタリア未来派がロシア・アヴァンギャルドの機械的なフォルムに影響を与えたのだった。

そもそもロドチェンコとステパーノヴァのアヴァンギャルドとしての第一歩は、マヤコフスキーをはじめとする未来派の詩人がロシア各地で行っていた講演会が、1914年にカザンの町で開かれたときのことだ。ロドチェンコが育ち、彼とステパーノヴァが通う美術大学があったこの田舎町での「未来派の夕べ」に出席した2人は、伝統を拒否し、前進しようと訴えるマヤコフスキーの過激な考えに大いに感化された。モスクワに移った2人はタトリンやマレーヴィッチらとも出会い、カンディンスキーの次世代としてインフクにも入った。

伝説のコピーライターと、天才アートディレクター

「ものの見方とつくり方とを知っている生活こそが現代の芸術だ」とロドチェンコが述べているとおり、因習にとらわれない新しい芸術の完成こそが、ロシア・アヴァンギャルドであった。

ロドチェンコは、こうも続ける。

「来るべき芸術というものがいったいどのようなものか、あるいは何という名称のものかさえ、よくわからないがね……」

既存の芸術から自由であることを大切にし

Photos by ©Rodchenko & Stepanova archive

後期のロドチェンコは、フォトモンタージュのために、自ら写真を手がけるようになる。

「モスコヴォレツキー橋」（1930年）。石造りの美しい橋の背後に、クレムリンが見える。

「プーシキンの松」（1927年）。小型のライカを手に、ダイナミックなアングルに挑んだ。

「テーブルにつくオルガ・ロドチェンコとヴァルヴァラ・ステパーノヴァ」（1928年）。母と妻を撮影。

「バルコニー」（1925年）。被写体を極端に見上げるアングルは、この年から始まった。

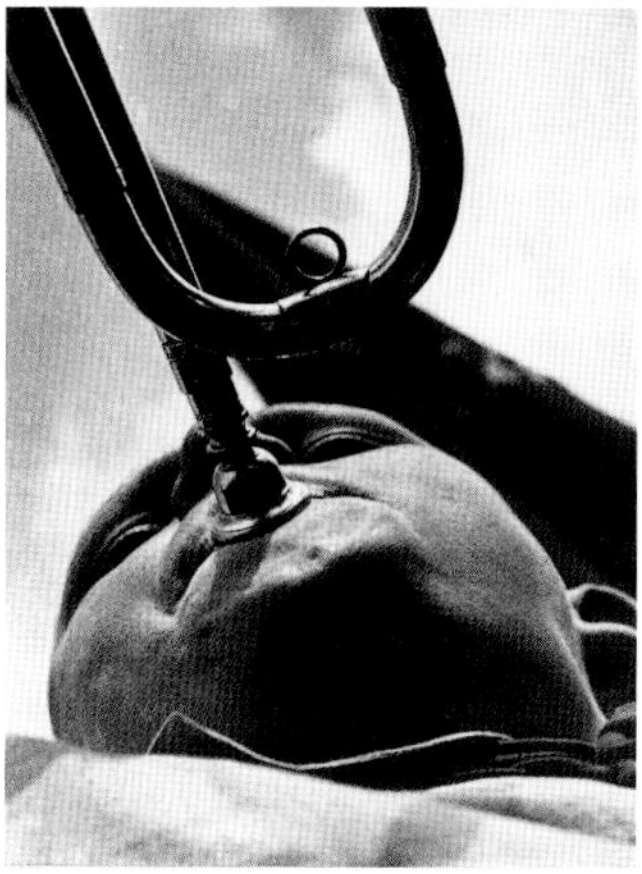
「らっぱを吹くピオネール」（1930年）。対象を大胆な構図で切り取った力強さが溢れる。

たロシア・アヴァンギャルドのなかでも、彼ほど、縦横無尽にジャンルを行き来した人物はいない。キャンバスから離れ、コンパスと定規を手にし、アートを社会というステージで機能させることにエネルギーを注いだ。

とりわけ幅広い人々に伝える「機能」を持つ、ポスターや本の表紙に専心する。生活文化を研究するモスクワの芸術研究機関の理事長も務めた彼は、グラフィックデザインで活躍し、盟友である詩人マヤコフスキーと自分を「レクラム・コンストルクトル」（広告構成者）と称し、ポスター制作にエネルギーを注いでもいる。新時代の空気を言葉に凝縮させる名詩人マヤコフスキーがコピーを作り、当代きっての「アヴァンギャルド」アートディレクター、ロドチェンコがビジュアル化する。売れっ子クリエイター2人が生み出した渾身作は、1925年にパリで開催された装飾美術展でも4つの銀賞を受賞するほどだった。

後期のロドチェンコには、写真作品が数多い。当初は雑誌のスクラップでフォトモンタージュを作成していたのだが、やがて、パリで購入したカメラで、写真を手がけるようになる。純粋に写真を撮ることに没頭した彼の力強い味方は、愛用のライカの35㎜カメラ。携帯カメラのフットワークのよさが、斬新でバリエーション豊かなカメラアングルを生み出していった。

その写真は不思議なアングルで撮られている。極端な角度で人を見上げてみたり、風景を見下ろしてみたりするなど、人間の目ではとてもとらえきれない強烈な遠近感（「遠近短縮法」）を展開していったのだ。カメラという機械を介して、それまでの表現を構成し直そうとした彼は、工房に暗室を設け、多重露光やイメージの反復など、印画紙の上での実験も果敢に続けた。彼は日記に書いている。「いままでにないような、画期的な写真を撮ってみたい。おそらくそれは人生そのものであり、現実的なものでなければなるまい」

セルゲイ・エイゼンシュテイン監督の映画ポスター。『戦艦ポチョムキン：1905年――モスクワの最高の映画』。1926年。

©Aleksandr RODCHENKO, RAO

雑誌『レフ』1号。1923年。ロドチェンコを中心とする芸術左翼戦線グループの機関誌。

©Fine Art Images / SuperStock/ amanaimages

©Aleksandr RODCHENKO, RAO

©Aleksandr RODCHENKO, RAO

©Aleksandr RODCHENKO, RAO

右：ジガ・ヴェルトフ監督の映画『世界の第六大州・第1号』のポスター。1927年。中：「レジノトレスト製の最上級のガロッシュを買おう」。珍しいアラビア語のポスター。1924年。左：「〈若き護衛兵〉を読もう！」。マヤコフスキーとの共作ポスター。1924年。

しかし同時に、彼が絵画から離れ、最後の表現手段とした写真は、20年代後半から彼らの近くに忍び寄ってきた自由な表現の統制から逃れる手段でもあったことを忘れてはならない。生産の現場を写すことで、表現を生き延びようとした。だが、それでも彼の実験的な写真も批判されるようになり、1930年代に入ると、ロシアにおけるアヴァンギャルド活動全体が急速に失速していく。

ロシア・アヴァンギャルドは時代を疾走するかのごとく存在した。その実に短い間に、ロドチェンコが世に放った制作物の数はあまりに多く、多岐にわたるものであったことには、改めて驚かずにいられない。

芸術家こそが新しい世の中を築いていけるのだと考え、ユートピアを信じて進んだ男、アレクサンドル・ロドチェンコ。彼が企てた芸術革命で、未来は、確かに、彼の手の中から生まれ出たのだった。（川上典李子）

マレーヴィッチが生み出した、未来の器。

ロドチェンコは毎朝、キッチンで、家族のためにコーヒーを入れていたという。そのテーブルには、一体、どんなカップが置かれていたのだろうか。

マレーヴィッチがデザインしたティーポットとカップは、直方体と球体とが積み重ねられたようなフォルム。別名「蒸気機関車」と呼ばれていたものだ。人力飛行機「レタトリン」を構想したタトリンは、オーガニックな吸い呑みを作っている。彼の指導を受けたアレクセイ・ソートニコフもまた、緩やかな曲線の器を生み出した。

ロシアの伝統的な産業のひとつが、陶磁器だ。革命前、帝室磁器工場では、絵付けの技術もすばらしい、質の高い磁器が作られていた。これらは特権階級のための品でもあったのだが、ロシア革命後、一般のための磁器を作る試みが始められる。もっとも、当時はまだ大量生産のしくみが整っておらず、その夢も十分には実現しなかったのだが、陶芸の世界にも新しい時代が到来していたのである。

革命後、各地の国営磁器工場には、アヴァンギャルドのアーティストらが招かれる。注目すべき動きは、1922年、マレーヴィッチが国営陶磁器工場に招かれたことだろう。彼は、自身の表現である「シュプレマティスム」を陶芸に応用していく。こうして、絵付けに留まらない、フォルムそのものへのさまざまな試みが始まるのだ。

このシュプレマティスムは、ロシア・アヴァンギャルドの表現のなかでも特別な意味を持つものだ。

ティーポット、辛子入れ「新生活」。パーヴェル・コージン。1931年。バリエーションに「卵」の名も。

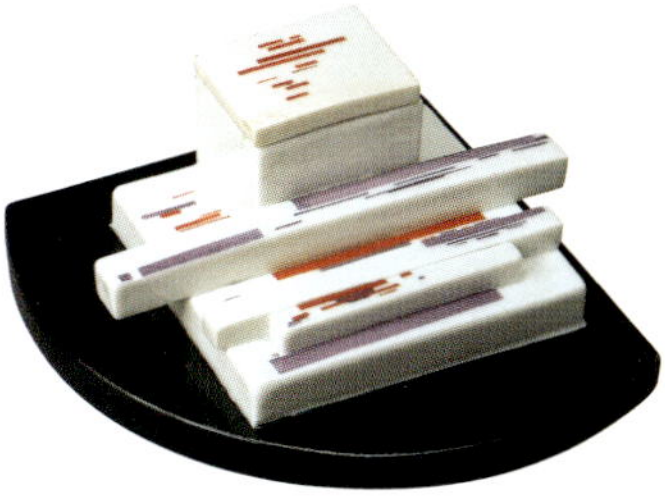

インク壺。ニコライ・スエーティン。マレーヴィッチのプラニットに類するデザイン。1923〜24年。

青釉筆立。ソフィア・プレッスマンのデザイン。1920年代後半。建ち上がるロシアの街のよう。

胡椒入れ「エンブリオン」。V・ボールキン。1930〜31年のデザインに基づき、1970年代に再制作。

飾容器。アレクセイ・ソートニコフ。1936年のデザインに基づき、1936〜37年に制作。

褐釉バター入れ。ソフィア・プレッスマンのデザイン。1930年代初頭。球体の存在感。

過去の美術を参照することなく、具体的な対象を表現することもないシュプレマティスム。その絶対的抽象表現の生みの親であるマレーヴィッチにとって、独特の輝きを放つ「磁器の白」とは、まさに、「無限の白」だったのである。

平面作品「ホワイト・オン・ホワイト」、直方体を積み上げる「プラニット」、建築的な造形物「アルヒテクトン」と表現を広げていった彼は、「土」と出会うことで、造形の実験に熱を入れた。弟子のニコライ・スエーティンは、彼の「プラニット」に類似するインク壺をデザインした。手にとれる数十センチの造形で、彼らは自分たちのとらえる世界を表現しようとしたのだ。

アヴァンギャルドの磁器を前にして、「すばらしき未来からのメッセージ」と絶賛したのは、ソヴィエト磁器の重要な担い手のひとり、エレーナ・ダニコ。パーヴェル・コージンの食器「新生活」のバリエーションは「卵」と名づけられているが、ロシア・アヴァンギャルドの陶芸とはまさに、未来への希望が詰まった小さな卵だった。そこには、壮大な宇宙が凝縮されている。

（川上典李子）

ロシア東欧デザイン

マレーヴィッチが展開したシュプレマティスムは、未来派やキュビスムとは異なり、現実の対象を持たない表現活動。そうした独自の造形原理が応用されることで、ロシア・アヴァンギャルドの表現は陶芸の世界へと広がった。このティーセットは、別名「蒸気機関車」。1923年のデザインで、写真は1962年に旧ソヴィエト国立磁器工場で再制作されたもの。岐阜県現代陶芸美術館所蔵。背景の作品は、マレーヴィッチによる「スプレマティスム：34のドローイング」(1920年)から。

テクノでレトロな電子楽器、テルミンの謎。

©Corbis/amanaimages

自作の「テルミン」を演奏するテルミン。若く美しい発明家テルミンは、アメリカで束の間、時代の寵児となった。

1922年3月クレムリン。「共産主義に必要なのはソ連全土の電化である」を旗印に掲げていたレーニンは、目の前で演奏される世界初の電子楽器の出来に大いに満足していた。奏者である青年はアンテナが2本立った箱の前に立つと、見えない糸を空中で手繰るような仕草をしながら、箱にもアンテナにもまったく触れることなくサン＝サーンスの「白鳥」を奏でたのだ。

青年は、楽器の発明者、レフ・セルゲイヴィッチ・テルミン。赤軍にも籍を置いていたテルミンはこのとき25歳。ボリシェビキこそアヴァンギャルドである、と熱狂的に革命政権を支持したほかの芸術家たちと同じく、革命に無条件に共感を抱き未来を夢見たひとりだった。電子技術と音楽に精通していた彼は、

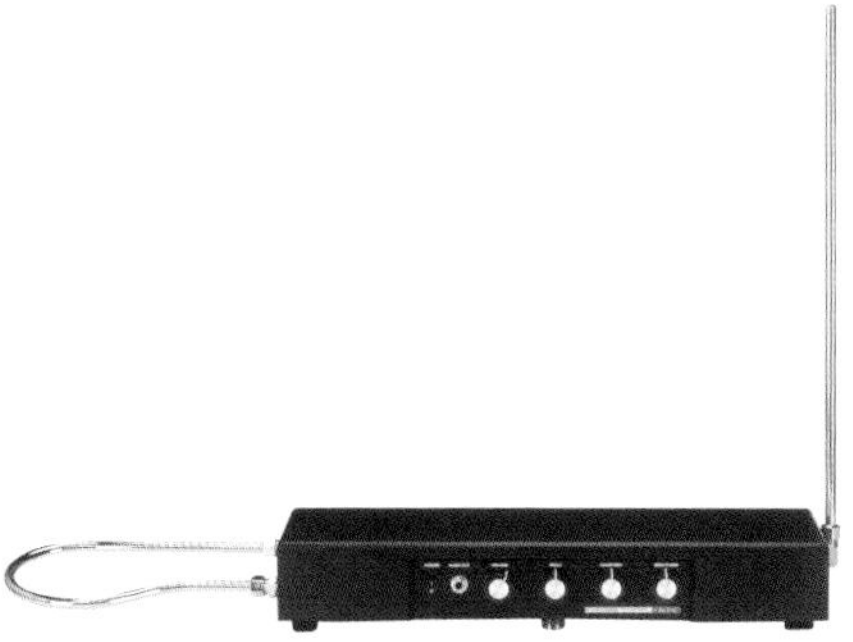

Etherwaveは、アメリカで生き続けた「テルミン」の直系モデル。

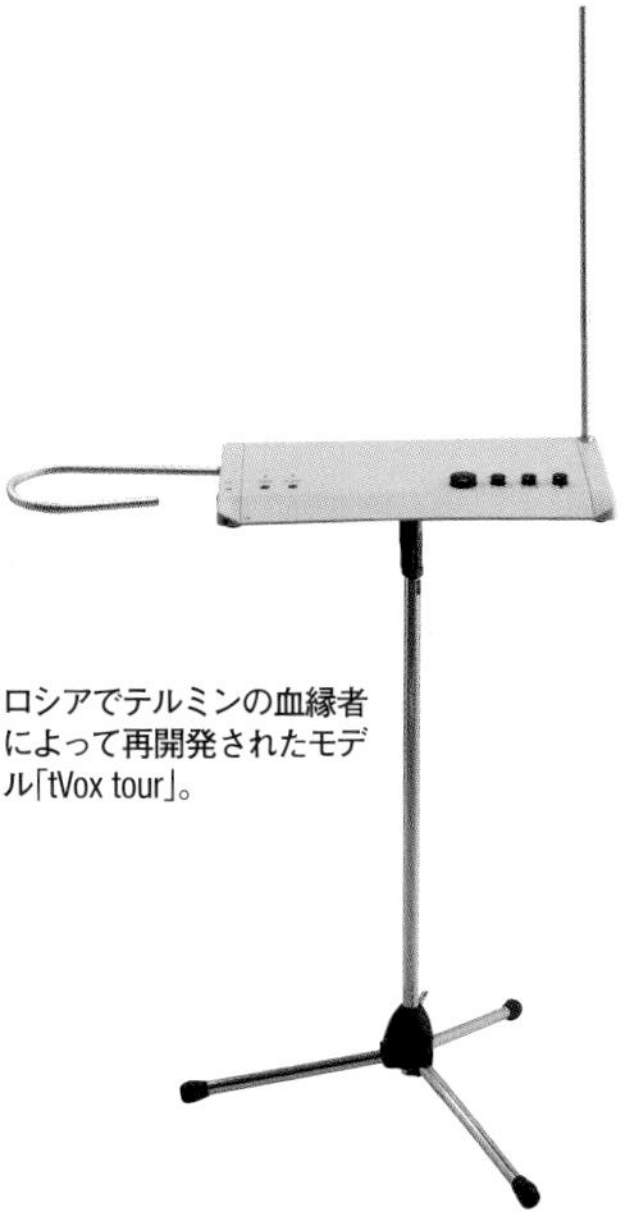

ロシアでテルミンの血縁者によって再開発されたモデル「tVox tour」。

©V. Shiyanovskiy/amanaimages

特殊収容所でテルミンが開発に携わった軍用機Tu-2。レーニンの蘇生計画を真剣に練り、テレビの開発にも関わった彼のあまりに非凡な才能はその後、ソ連の国家機密に生かされる。

世界初の、しかもまったくの非接触で奏でる電子楽器を発明する。その未来的な姿と演奏形態は、電気を活用した楽器など想像だにしなかった人々に大きな衝撃を与えた。やがてこの楽器は、彼の名をとって「テルミン」と呼ばれるようになる。

もとから後進的であった上に戦争続きで疲弊していたロシアにとって、「電化」は実は夢想的ですらあった。それだけに、「テルミン」を芸術分野の革命だとしてレーニンはことのほか喜んだのだ。彼の指示のもと、テルミンは国内で150回以上のコンサートやレクチャーを開催。電化のプロパガンダに大きく貢献した。

27年にはフランクフルトでの世界音楽博覧会に出展。後進的とされていた国からやってきた世界初の電子楽器の噂はまたたく間に知れ渡り、ヨーロッパでの公演旅行は大成功する。28年にはアメリカに進出。そこでも「テルミン」は熱狂的に歓迎され、経済的にも大成

©Corbis/amanaimages

ミュージシャンのMusaireことジョセフ・ホワイトリーが使用していたテルミン。

©Corbis/amanaimages

1927年、ベルリンのベヒシュタイン・ホールにて新作楽器のデモンストレーションをするテルミン。

功を収めることになった。それは、まだソ連を国として承認していなかったアメリカにソ連技術の革新性をアピールすることをも意味していた。

まもなくソ連はスターリンの粛清の時代に入り、38年、大成功の最中にテルミンはアメリカから姿を消す。ソ連政府に拉致されたとも、実はアメリカで諜報活動に関わっていたテルミンが自発的に去ったとも言われているが、真相は謎のままだ。

帰国したソ連では、テルミンは矯正労働収容所を経て国家機密に携わることになる。そして夢の楽器「テルミン」は、表舞台から存在を抹殺されたテルミンとともに忘れられていった。かたや西側で、映画やロックに取り入れられ、後に開発されるシンセサイザーに多大な影響を与えながら。冷戦が幕を閉じたいま、「テルミン」は、かつてレーニンが夢見た未来の音色を、21世紀の世界へ奏で続ける。

コルビュジエの先を行った、メーリニコフ

©Arcaid/amanaimages

©КривобокРуслан/amanaimages

©Yury Artamonov/amanaimages

右上：メーリニコフの自邸。蜂の巣のような窓を持つ円柱は、現代の景観のなかでも異彩を放つ。左上：モスクワに現存するルサコフ労働者クラブのダイナミックな外観。三角形の構造は、音響面でもメガホン効果が考慮されていた。右：同じくモスクワにあるプレヴェーストニク工場付属クラブ。メーリニコフは、労働者クラブの設計を数多く手掛けた。

1925年のパリは、熱気でむせ返っていた。世界中の名だたる建築家が、パリ装飾美術展のパヴィリオンで、モダニズムをアピールしようと躍起になっていたのだ。ル・コルビュジエも、そのひとりだった。彼が設計したエスプリ・ヌーボー館は、近代的なコンクリートによる幾何学的なデザインがいかにも新しい時代を予感させた。

だが、人々の度肝を抜いたのは、もっと無名な建築家の作品だった。細長い長方形の敷地を、対角線上に走る階段が大胆に分割するという空間設定。対角線を平面だけでなく立体的に引く発想は、建築史上革命的だった。華々しい未来を感じさせるこの建物が、木とガラスでできていたという事実が人々をさらに驚かせた。

気鋭のロシア人建築家、コンスタンティン・メーリニコフが手がけたこのソヴィエト館は、コルビュジエのエスプリ・ヌーボー館を抑えて、建築部門のグランプリに選ばれる。メーリニコフは、モダニズムというスタイルそのものを飛び越えてしまった。敗北を喫したコルビュジエも、メーリニコフには称賛の言葉を惜しまなかった。

メーリニコフがコルビュジエとも、同時代のロシア・アヴァンギャルドの建築家たちとも決定的に異なるのは、生涯スタイルを持たず、自らの直感に従って実験を続けたことだ。

たとえば、27年に手がけたルサコフ労働者クラブ。三角形の劇場の先端部にステージがあり、3方向に客席が伸びているのだが、外から見ると客席だけが飛び出ている。必要部分は強調し、いらない部分は削ってしまうという大胆さは、構成主義のポスターを彷彿させる。形態の機能と構造とをダイレクトに結びつけることにおいて、メーリニコフの創造力は抜きんでていた。

彼の建築の集大成とも言うべき自邸は、ふたつの円筒形を組み合わせた構造になっている。壁には個性的な六角形の窓がリズミカルに並んでいる。だが、この窓をつくるために壁を刳り貫いた形跡はない。六角形の窓は、レンガを積み上げてつくられたこの建物において、ゴシック建築のアーチのように構造上必然的なかたちだった。幾何学形という王道の形態をそのまま用いて、目が覚めるほどに力強いひとつの宇宙をつくり上げていったのだ。

ソヴィエト館が木造だったように、伝統的な素材や工法を使いながら、メーリニコフはまったく新しい空間を生み出した。自身は、アヴァンギャルドという言葉が、けして好きではなかった。けれど、時代をスタイルを超えたピュアな実験精神は、メーリニコフが誰よりもアヴァンギャルドだった証にほかならない。

（高瀬由紀子）

その名を歴史に刻む、建築

ロシア東欧デザイン

チェコ・キュビスムに見る、建築美。

1908年頃にフランスで生まれたキュビスムは、新世紀の前衛アートとして、ヨーロッパ中に広まる。だがほとんどの国では、文字どおり抽象芸術の領域を出ることがなかった。なぜチェコ人だけが、キュビスムを日常のなかに取り入れられたのか。

フランツ・カフカが『変身』を発表したのは、1915年のこと。その頃、プラハの街には、この幻想的な不条理小説の主人公グレゴールの心象風景そのままに、だまし絵のようなキュビスム建築が、いくつも出現していた。そして、そのひとつひとつに、灰皿からキャビネットにいたる、キュビスムの調度品が設えられていた。

キュビスムは、ピカソやブラックが、それまでの具象的な芸術に飽き足らず、対象を見たとおりではなく、考えたとおりに表現しようとした、いわゆる抽象芸術のさきがけだ。そのとき生まれた、立方体（キューブ）の断面が集積したような表現方法から、キュビスムという名がつけられた。

そこでわれわれは、カフカとチェコ・キュビスムの奇妙な符合に、再び思いをめぐらす。彼らは、現実ではなく、抽象のなかに生きることを選び、それを美しいと感じた人々たちだ。

1911年、『プリズムとピラミッド』と題した論文のなかで、チェコを代表する建築家パヴェル・ヤナークは、「プリズム（多角柱）とピラミッド（多角錐）を単位にした建築」を提唱する。

翌年、エミール・クラリチェークとマチェイ・

上：色使いに民族性を生かした教員組合住宅(1919〜21年)。オタカル・ノヴォトニー作。右下：世界で唯一のキュビスムによる街灯柱(1912年)。エミール・クラリチェークとマチュイ・ブレハ作。左下：ネクラノヴァ通りの集合住宅(1913〜14年)。ヨゼフ・ホホール作。

ブレハが、プラハの中心ユングマノヴァ広場に、世界で唯一のキュビスムによる街灯を建てた。

ベドジフ・コヴァジョヴィチ邸(1912〜13年)。ヨゼフ・ホホール作。

13年には、ヨゼフ・ホホールがヴィシェフラット地区にある坂道の角地を利用して、バルコニー切妻のプリズム的な分節が視覚的に強調される、代表的なキュビスム建築を生み出す。

チェコ・キュビスムが独特なのは、伝統的なモチーフが組み合わされているからかもしれない。チェコ・キュビスムを彩る切り子状のデザインは、見る者にボヘミアガラスを連想させる。

隣国ドイツが、モノのかたちを徹底的に科学することで、機能美という名のモダン・デザインを追究していた同じ時期、チェコのキュビストたちが機能と美をまったく別のものとして解釈していたのは、あまりに興味深い。

使い勝手の良さなどという日常的な問題は、チェコのキュビストにとってとるに足らないことだったのかもしれない。重要なのは、そこにあるモノたちが圧倒的な存在感によって、彼らを非日常的な美の世界へと連れ出してくれることだったから。(清恵子)

巨匠による、社会主義時代の名建築。

Czech チェコ

トゥーゲントハット邸

ユニバーサル・スペースと緑の庭が一体となる開放性。

| ミース・ファン・デル・ローエ Mies van der Rohe |

ミース会心の作と言われる「トゥーゲンハット邸」は、チェコ共和国のブルノ市街を見晴らす丘にある。敷地は南西に面する緩やかな緑の斜面で、上端を道路が走っている。建物は斜面の最上部に位置し、背後で道路に面している。2階が道路レベルで、1階のミース・デザインの切り札、"ユニバーサル・スペース"が、居間、食堂、談話コーナー、図書コーナーなどを内包した全面ガラス張りの空間となっている。驚くのは庭側の巨大な窓ガラス2枚。電動で地下レベルに収納され、内外部が一体となる開放性がすばらしい。

Masayuki Fuchigami

緑の斜面上部に位置する建物は、全面ガラス張りの1階部分にユニバーサル・スペースを配置している。

Villa Tugendhat
●Černopolní 45, 613 00 Brno
㊋10時～18時(火～日)　http://www.tugendhat.eu/

ミュラー邸

シンプルなヴィラに展開する豪華なラウムプラン

| アドルフ・ロース Adolf Loos |

Masayuki Fuchigami

装飾を排除したシンプルな外観は当時としては非常に斬新で、建築許可がなかなか下りなかったようだ。

The Villa Müller
●Nad Hradním vodojemem 14, 162 00 Praha 6
http://www.mullerovavila.cz/

オーストリアの建築家アドルフ・ロースは、「装飾は罪悪である」と宣言し、多くの建築家に影響を与えた巨人であった。チェコ共和国プラハの小高い丘に建つ「ミュラー邸」の外観は、その証左ともいうべきシンプルな矩形の外観で、彼の言行一致を物語っている。さらにロースは、内部空間に大理石を豪華に使用した居間をデザインし、その上階のダイニングとは有機的かつ流動的に連結させた"ラウムプラン"を発表。そのコンセプトを「私はプランを設計するのではなく、空間を設計する」と語った鬼才であった。

ズーエフ労働者クラブ

ガラス張りのシリンダーによる したたかなデザイン・アイデンティティ

| イリア・ゴロソフ Iiya Goiosov |

「ズーエフ労働者クラブ」はモスクワ中心部にあるロシア革命後に建設されたプロレタリアートのための教育機関。労働者クラブという建築は、革命後の新時代へ向けて、労働者たちの新しい生活スタイルを普及させるための、集団的活動拠点としてつくられた。850席のシアターなど、文化的ジャンルの活動空間を内包した建築で、労働者クラブの建設ラッシュの中にあって、一頭地を抜くデザインとして知られている。建物は当時流行したコーナー部に円形を配する形態だ。ゴロソフはガラス張りのシリンダーを交差点に面するコーナーに立ち上げ、それに直角形のRC構造体や屋根を取り付けた。シリンダー内部は2階シアターへの明るいスパイラル階段となっており、来場者たちのイベントへの期待感を高揚させる空間となっている。

Zuev Workers' Club
●Lesnaia Street 18, Moscow

Masayuki Fuchigami

交差点に向けたガラス・シリンダーの存在感が、建物へのダイナミズムを生んで秀逸である。

Masayuki Fuchigami

労働者の文化的活動を助長する建物は、当時としては多種の機能を備えた一大娯楽センターだ。

ジル工場リカチェフ文化宮殿

バラエティに富む プロレタリアート文化活動の拠点。

| ヴェスニン兄弟 Vesnin Brothers |

建物は建築コンペによってモスクワ川の土手にあった「シモノフ修道院」の改修コンペで生まれた建築である。しかしコンペの結果、選出された案は不適切という判断が下された。そこで当時近代建築家協会(OSA)を主催していたヴェスニン兄弟が担当することになった。ヴェスニン兄弟案は、1,200席の小ホール、4,000席の大劇場およびスポーツ・クラブを含む壮大なコンプレックス。だが完成したのはより小規模な施設であった。しかし「シモノフ修道院」のユニークなタワーや壁面という貴重な部分は壊されてしまった。完成した建物は、1,000席のシアター・オーディトリアム、教室、図書館、レストランに加えて、別棟に主玄関、ダンスホール、スタジオ、240席の映画館、子ども施設、天文観測室などとバラエティがあった。

ZIL Likhachev Palace of Culture
●4 Vostochnaya ulitsa, Moscow

ラジオ塔

鉄不足でスリムだが強靭な エンジニアリング美学の傑作。

| ウラジーミル・シューホフ Vladimir Shukhov |

1853年生まれのシューホフは、ロシア構成主義より一世代前に活躍した建築家＆エンジニアで、後世の構成主義やアヴァンギャルドのデザイナーに多大な影響を与えた。シャーボロフスカヤの「ラジオ塔」はHP曲線で構成された高さ150mの電波塔。高さ30mずつの5つの部分に分節されて組み立てられた。高さの割には鉄骨が針金のように細く見えるのは、鉄が不足していた当時の国情からだ。当初は高さ350mのタワーで、「エッフェル塔」の1/4の鉄量でつくる計画だったが、鉄不足で規模を小さくした。

©Vladimir Vyatkin/amanaimages

「ラジオ塔」は頂点へ向けてテーパーしていく軽やかな美学が後世に多大な影響を与えた。

The Shukhov Radio Tower
●37 Shabolovskaya ulitsa , Moscow
http://www.shukhov.org/

©Corbis/amanaimages

「ルサコフ労働者クラブ」の外観は、3つの客席部分がキャンティレバーで飛び出し意表をつく。

Rusakov Workers' Club
●6 Stromynka ulitsa , Moscow

ルサコフ労働者クラブ

ロシア構成主義を代表する ダイナミックな外観形態。

| コンスタンチン・メーリニコフ Konstantin Melnikov |

「ルサコフ労働者クラブ」は、当時もっともアヴァンギャルドでエポック・メイキングな作品として知られている。街角に建つ建物は、扇形プランの曲面を交差点側に向けて建っている。驚くのは上部に3つの矩形がキャンティレバーで突出しているのだ。これは扇形プランの中央部にあるステージに対し、それを取り巻く客席の背後に、さらに3個の客席空間を確保したものである。上演内容によってこの部分は遮断することもできる。ダイナミックな外観形態は内部の機能に従って生まれたデザインなのだ。

セントロソユーズ

モスクワの伝統的美学を打ち破った コルビュジエの斬新なデザイン

| ル・コルビュジエ Le Corbusier |

ル・コルビュジエが社会主義のロシアに設計した唯一の作品「セントロソユーズ」は、彼の作品では屈指のスケールを誇る傑作である。建物はガラス・カーテンウォールの8階建てオフィス3棟と、主玄関、オーディトリアム、ホワイエを含むオーディトリアム棟が、有機的に連結されたプラン。前者はシンメトリックなファサード構成で、ミヤスニーツカヤ通りに面し、後者はオーディトリアムのステージ部分の曲面壁がサハロフ・プロスペクト通りに表現され、ユニークな建物の正面ファサードを形成している。

Masayuki Fuchigami

コルビュジエはピロティやガラス・カーテンウォールの斬新な手法で伝統的な建築に刺激を与えた。

Tsentrosoyuz
●39 Myasnitskaya ulitsa, Moscow

地質学研究所

メルヘン的なブルーの光輝を放つ ジョルナイ・セラミックの屋根。

| レヒネル・エデン Lechner Ödön |

ハンガリー・アールヌーボーの代表的な作品として知られるレヒネル・エデンの「地質学研究所」は、タイルをはじめとする素材や装飾デザインにマジャール文化が色濃く反映された秀作。建物はブルーに輝く美しい屋根瓦が特徴だ。これはハンガリーの代表的な高級陶器工房ジョルナイ社のセラミックを使用。建物は中庭形式で、屋上に出ると中庭越しに対面の屋根が見える。円錐形の塔が建つ屋根面は、メルヘン的なブルーの輝きを放って人を魅了する。

急勾配の屋根全面を覆う眩いばかりに輝くブルーのセラミック・タイルは息を呑むような美しさだ。

Geological Institute of Hungary
●1143 Budapest, Stefánia út 14.
http://www.mfgi.hu/

多民族の文化や建築様式を取り込んだ「応用美術館」は巨大なドームを冠した当時の先進建築。

Museum of Applied Arts
●1091 Budapest, Üllői út 33-37. http://www.imm.hu/

応用美術館

金色と緑色の屋根をもつ 華麗なドーム型美術館。

| レヒネル・エデン Lechner Ödön |

ハンガリー世紀末を代表するアールヌーボー建築家であり、かつハンガリー分離派建築家グループの中心的な存在であったレヒネル・エデン。「応用美術館」は彼のアールヌーボー3部作と言われる代表作のひとつで、ハンガリー建国1000周年を記念して建設された美術館だ。ハンガリーの民族性をはじめ、ペルシャやインドの様式をも取り込み、巨大なドームを持つ華麗な建物は、当時の歴史様式を打破した話題の建築であった。

郵便貯金局

新世紀に向けた前衛的ハンガリー アールヌーボー建築の至宝。

| レヒネル・エデン Lechner Ödön |

レヒネル・エデンは、スペインのアールヌーボー建築家アントニオ・ガウディと並んで、「西のガウディ、東のレヒネル」とまで呼ばれた巨匠である。彼はジョルナイ工房のセラミック・タイルとの出会いから、自分流の建築スタイルをつくり得た。彼はこの素材を巧みに3部作に使用し、最後の「郵便貯金局」を1901年に完成させた。外壁は垂直性を強調したデザインだが、屋根面に眩いばかりのセラミックを使用したハンガリー建築の至宝である。

ジョルナイ工房のセラミック・タイルを存分に使用した建物は20世紀初頭に完成した大傑作。

The Postal Savings Bank Building
●1054 Budapest, Hold utca 4.

キッチュさが魅力の社会主義時代の建築物。

社会主義時代のソヴィエト連邦と東欧の建築が、キッチュなモノとして目に映るのはなぜだろう？　ゴシック、ルネサンス、バロック、アールヌーボー……。

それぞれの建築様式は時代の流れにのっとった変遷を遂げている。しかし、社会主義の芸術が「共産主義を理想社会として賛美するプロパガンダ」であったのと同じように、建築も国家のために貢献するよう位置づけられていた。

長い時間の中で脈々と育まれてきた建築の流れを切断し、人本主義でつくり上げた、ごり押し感や人工的な奇抜さが社会主義建築の特徴であり、魅力でもある。

社会主義建築は、大きく分けて1933年から1955年に建てられたスターリン様式と、それ以降80年代後半までに建造されたものとに区分できる。

スターリン様式の奇妙な美しさ。

スターリン様式とは、ヨシフ・スターリンの政権時代にソ連で多く建てられた様式のひとつである。社会主義リアリズムの表現に最適なものとして19世紀のネオ・ルネサンス様式やネオ・ゴシック建築、18世紀末の帝政様式が取り入れられた。豪華な装飾に彩られた「ワルシャワ文化科学宮殿」や、構内に20種類の大理石やばら輝石が使われ〝労働者の宮殿〟と称される「モスクワの地下鉄」がこれに相当する。圧巻は、「ロシア連邦外務省」「ホテル・ウクライナ」「ホテル・レニングラード」など〝スターリンゴシック〟と呼ばれる社会主義の発

ワルシャワ文化科学宮殿。高さ237m、42階建ての荘厳な建物はスターリンからの「プレゼント」であった。

展と革命の達成を表現した重厚な高層ビル群である。なんとスターリンは、ニューヨークの摩天楼に対抗し、モスクワをマンハッタン化する計画を立てていたそうだが、上に向かって細く伸びるデザインまでニューヨークの高層タワーそっくりで強い影響力が見られる。

天に迫り破滅を招いたバベルの塔のように、社会主義政権の権威を誇張する建物は、60年代後半から70年代にかけての経済の合理化とともに姿を失う。コストや利便性を無視した社会主義リアリズムに代わるのが、「早い・安い・画一化」がモットーのコンクリート・パネルによる集合住宅〝プレハブ団地〟の量産である。街の景観を切り裂き、無機質にそびえる四角い箱は、いつしか社会主義住宅の象徴となっていく。

社会主義モダニズムに託した未来。

公共建築においては、東ベルリンの「テレ

ホテル・レニングラード。136mのホテルは2008年にヒルトンの傘下に入った。

ロシア連邦外務省本館ビル。モスクワ市内にある7つのスターリンゴシック（セブン・シスターズ）のひとつ。ホテル・ベルグラードとホテル「黄金の輪」に挟まれて建つ姿は凛々しい。

ホテル・ウクライナ。全高206mの「ホテル」の低層棟は一般のアパートとなっている。

© Corbis/amanaimages

在ドイツ・チェコ大使館。外観だけでなく、中のオーディトリアムも一見の価値あり。

ビ塔」や旧国会議事堂の「共和党宮殿」、キュビズムのような多面体で構成された「チェコ大使館」、プラハのテレビ塔「ジシコフ・タワー」やメタリックなプレートが宇宙ステーションを思わせる「地下鉄」に代表される社会主義モダニズムが最後の栄華の花を咲かせた。

60年代後半から80年代にかけて、科学技術は未来の夢を実現してくれる手段であり、未来は希望溢れる輝ける世界だった。これらのデザインが未来的でありながらノスタルジックな郷愁を帯びているのは、テクノロジーと未来と夢がまだ同一線上にあったから。そんな時代の夢のかけらが空間に落っこちている。

1989年に壁が崩壊し10年ほどの年月を経た90年代の終わり、ベルリンではオスタルギー（Ostalgie）という現象が起こった。これはドイツ語で「東」を表す「オスト」と「郷愁」を表す「ノスタルジー」の合成語で、東独時代と当時の事物への懐古のことである。東ドイツを振り返る映画がヒットし、いにしえの壁

共和国宮殿。東ドイツの人民議会、コンサートホールからディスコまで備えていた「宮殿」。アスベスト問題で、惜しまれつつも2006年から解体工事が始まり、2008年に消滅した。

“プレハブ団地”。現在も旧東ドイツ側でよく見られるが、もともとはオランダや西ドイツで開発された建築様式。

ベルリン・テレビ塔。ライナー・ファスビンダー監督の映画『ベルリン・アレクサンダー広場』の舞台であるアレクサンダープラッツにそびえ立つタワーは、ベルリンのシンボルとなっている。

プラハ地下鉄。ナメスティミール駅やムーステク駅をはじめとして、宇宙空間を思わせるようなプラットフォームはいまも健在。

ジシコフ・タワー。社会主義時代の1985年に着手し、社会主義体制崩壊後 の1992年に完成したタワー。プラハ城から見る景色は、プラハの古い街並みと相まって不思議。

紙や家具で部屋を再現した〝団地ホテル〟も人気を博している。社会主義時代の製品が失われてしまったいまでは、建築だけが当時の面影をいまに伝える生き証人である。

（荒井 剛）

人々を魅了し続ける
プロダクト・デザイン

ロシア
東欧デザイン

プラハ&ベルリンで、東欧デザインを探す。
いまも街をそっと照らす、東ドイツの光。

いまも、ベルリンで一番目にする機会がある東ドイツデザインはランプかもしれない。レトロな内装のカフェの片隅に、ぽっと灯る。ビニールの洗濯ひもを針金の枠に巻き付けて作ったものや、ふたつのランプシェードを重ねたデザインなど、物資不足から生まれた即興的な組み合わせの妙にしびれる。

どこか北欧デザインを思わせるメタルのランプは、ハレ市にある金属プレス工場で作られていたものだ。もともとは熱放射暖房機を作っていたが、60年代に生産停止を命じられ、大量のシェードをなんとかしようと思いついたのがランプだったという。同市に有名な産業造形大学があることも幸いし、ここから次々とグッドデザインが生み出された。70年代にはIKEAの目にとまり、西側でも販売されるように。統一後も多くのランプがIKEAのために作られた。1985年に東ベルリンのデザイナーが考案したランプは、イタリアで発売され、好評を博した。2000年のことである。

まだ旧東ベルリン地区には東ドイツ時代の街灯がある。めまぐるしく変化する街並の中でさりげなく、しぶとく生き残るオレンジ色の光。街灯はいつか消えてしまう。でも東ドイツのデザインの光は、きっと灯り続けるに違いない。

(河内秀子)

50年代にリビング用として流行ったデザイン。水色が涼しげだ。柄違いも多数。

80年代の紙製シェード付きランプ。赤黒のモザイクは、東ドイツ・デザインの定番。

光沢のあるダークグリーンのガラスと、細かい皺の寄った白ガラスの組み合わせが面白い。

筒形のシルエットが、シンプル＆モダン。一部が擦りガラスというのも楽しい。

オレンジのシェードは、襞を寄せて布の質感を。半月形のミニテーブルが、アクセントに。

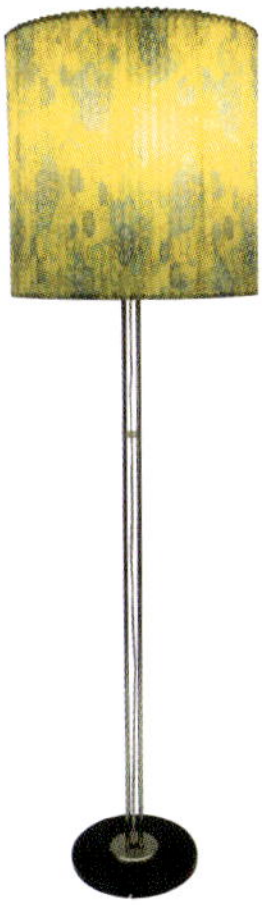

柔らかい花柄の布。襞が織りなす淡い光。雰囲気たっぷりの背の高いランプ。

メタルのペンダントランプをスタンドランプにリメイクしたもの。

公共施設のフロアを彩っていた照明。光が漏れるメタルの枠には、ガラスの板が。

50年代の四角いランプは、廊下用。アートのような模様や色に、バリエーションがある。

カラフルな水玉が可愛い、ミントグリーンのランプ。柔らかい光の廊下用。

針金の枠にさまざまな色のビニール洗濯ひもを通して作ったランプ。50年代の定番。

ふたつのシェードを組み合わせた、東ドイツならではの創意工夫から生まれたデザイン。

60〜70年代のキッチン用ランプ。赤い縞模様のシェードと擦りガラスがポップな印象。

70年代末から80年代にかけて流行したメタルのランプ。西側でも好評だったデザイン。

幾重にも連なるメタルの反射。真ん中のプラスチック部分から、赤い光が広がる。

丸いフォルムに金の首。ざらりとしたガラスに、ゴージャスな模様。80年代のリビング用ランプ。

手描きの花模様と白いプラスチックの組み合わせ。50年代の味わい深い光。

カフェ、また蚤の市やアンティークショップでもよく見かけるタイプ。薄いプラスチック製。

アールデコからポップまで、デザイン大国チェコ

プラハの街を歩けば、独特のモダニズムに貫かれた東欧デザインに、いまもいたるところで出会える。

オーストリア＝ハンガリー帝国を経て、第一次世界大戦後に独立したチェコスロバキアは、第二次大戦が始まるまでの短い間に、世界でも屈指の工業国として栄華を極めた。

ゴシック、バロック、アールヌーボーと、豊かな歴史に育まれた建築。さらには、ガラスや製鉄、機械工業の発達もあって、チェコのモダニズムは文字どおり、百花繚乱の様相を呈した。

1925年のパリ装飾美術展では、チェコスロバキア館が大成功を収め、ボヘミアガラスをはじめとするこの国のデザインを、世界に知らしめた。

チェコのモダニズムは、独特なチェコ・キュビスムから生まれた。アールデコの時代に入っても、この国のデザインは、ある種の華麗さを伴ったフランスやアメリカのアールデコとは一線を画した。バウハウスやル・コルビュジエの流れを汲む、幾何学的でシャープな流線や直線を強調したデザイン。それは科学技術の進歩と相まって、どこまでも男性的な佇まいだった。

第二次大戦後、ヨーロッパが東と西に分かれると、政治的なイデオロギーがモダニズムの評価を左右し始める。モダニズムは資本主義の申し子とされ、禁欲的な社会主義リアリズムが、これにとって代わる。

そんななか、チェコのモダニズムは、ソ連の科学主義に通じる機能主義のせいで、戦後も長らくチェコの代表的なデザインであり続けた。

建築家でもあったヴラスティラフ・ホフマンが、1912年にデザインした灰皿（復刻品）。

バウハウスの影響が感じられる、30年代のチェコ製。テーブルと組み合わせたところが、機能的。

サマーハウスに集う人々の姿が目に浮かぶパンチセット。40年代後半〜50年代初期のボヘミア製。

日本でもファンが多いヨゼフ・ゴチャールが、1913年にデザインした真鍮の置き時計（復刻品）。

ヴラスティラフ・ホフマンが、1920年にデザインしたメタルボックス（復刻品）。

コーヒーはエスプレッソが主流というハンガリーでは、電動エスプレッソマシンが大量に作られた。

チェコ・キュビスムを代表するヴァツラフ・ロジェクのコーヒーテーブル。1923〜25年頃の製作。

バザールの店主も、製造年が特定できなかった鏡。それぐらい普遍的なチェコ・デザインということ。

後ろ脚や背板の微妙なカーブ。シンプルさのなかに、優雅なフォルムが。20年代の椅子。

60年代後半に入ると、「プラハの春」と呼ばれた束の間の楽観的な空気を反映して、ポップなデザインが登場する。アメリカのキッチュさを凌駕する驚くべきデザインが出現するのも、この頃だ。それらは、東欧社会主義圏の「豊かさ」を象徴するデザインとして、当局に奨励されたからだ。この時期のデザインを、資本主義国として豊かさを謳歌していた時代のシックなデザインと比較してみると、興味深い。

ある種のスタイルとバラエティが共存するチェコの東欧デザインを、プラハで見つける方法は以下のとおり。

19世紀以前の古いデザインのものを見つけたいなら、スタロジットノスティーと呼ばれる骨董専門店で。キュビスムやアールデコといった20世紀前半のデザインなら、アンティークを名乗る店がお薦めだが、少々値が張る。思いがけない掘りだし物を見つけたいなら、社会主義時代のデザインが充実しているバザールを覗いてみよう。

かつては、自国民に嫌われていた社会主義チェコのデザインも、ここにきてこの時代を知らない若者世代によって、急速に注目を集めるようになった。70～80年代のポップなデザインをとり入れるデザイナーも出現。社会主義デザインが、コレクターズ・アイテムになる日も近い？

（清恵子）

ベークライトでつくられた初心者用カメラ「パイオニア」。50〜60年代、若者の間で人気だった。

UFOを思わせるフォルムは、「プラハの春」の空気を反映した60年代らしいポップな照明。

30年代にボヘミアで作られたアールデコ・スタイルの時計。シャープなデザインで、いまも動く。

ボウルを逆さにしたようなデザインに、渦巻き状の取っ手。80年代の、ポーランド製のやかん。

70年代のビネガーボトル。流線型をあしらったデザインが味わい深いのは、チェコならでは。

両面がパカっと開いてパンを焼く。高性能で長もちし、東欧中で重宝された東ドイツのトースター。

自己主張たっぷりの水筒。イエローとシルバーの色づかいもクールだ。50〜60年代のチェコ製。

アールデコの雰囲気をたたえたバターケース。2色のラインがチェコらしいデザインとなっている。

太さに合わせて6タイプの穴があるチェコ製鉛筆削り。50〜70年代製だが、アールデコっぽい。

かたちが機能を裏切るのが、東欧デザインの醍醐味。

東ドイツのデザイン史を振り返ると、バウハウスからの影響が垣間見える。

1928年〜29年にバウハウスで講師を勤め、後にカンチレバー・チェアを考案するマルト・スタムや、メタルの灰皿やポットのデザインで知られるマリアンネ・ブランドといった生え抜きの学生たちが、東ドイツ建国後すぐから教鞭を取っていた。

しかし1951年には社会主義リアリズムが台頭し、バウハウスは形式主義的であると批判され、多くの関係者が解雇された。だが国が求めていたのは、安価に大量生産が可能な機能性重視のもの。さらに計画経済下では息の長いデザインも重要。デザイナーは学生の頃から実習として長期間工場で働き、生産現場とつながったもの作りが目指されていた。まさにバウハウスの理念とつながりそうなのだが……ここに見つかるものは、なんだかちょっと毛色が違う。

「消費への欲望を起こしてはいけない」。これがデザイナーの足かせとなった。装飾をそぎ落とした、機能的で完成されたデザインが「西側らしすぎる」とされ、表面にカラフルな花柄をプリントして店頭に並ぶこともあった。オレンジや赤が目立つポップな色合いやフォルムは、政治的なイデオロギーの現れなのか、それとも灰色にくすんだ街へのささやかな反抗なのか。さまざまなジレンマの中から生まれた創意工夫の力強さ。東ドイツデザインの魅力は奥深い。

（河内秀子）

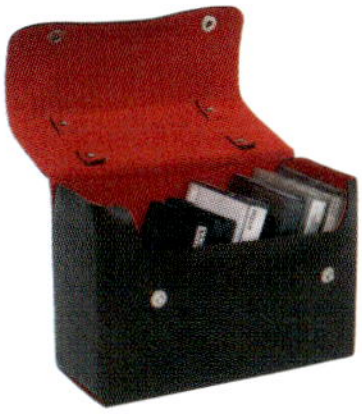

合皮のカセットケースは中の赤いフエルトがシック。カセット時代が終わったいまなら、携帯バッグとしても。

1950年代の東ドイツ製スライド・プロジェクター。アルミニウムのコーティングと宇宙っぽいデザインが魅力。

ロシア・アヴァンギャルド的な色使いのソルト＆ペッパー。パプリカ用を加えた3個セットも。

アルミのレトロな素材感がたまらない、水色の魔法瓶。コルク栓で閉めるスタイルも、いまとなってはおしゃれ。

東ドイツの日常を映し出すコースター。ビールメーカーからスーパーまで、いろんなデザインがある。

「お酒か、もしくは鍵か?」という交通安全のメッセージが貼られたマッチ箱(P106参照)。

東ドイツの男たちが髭を剃っていた、無骨な電動カミソリは、その名も「コメット」。写真の3枚刃は、60年代製。

旧東ドイツ国営航空会社のポスター。バウハウスの流れを汲む、洗練されたグラフィック・デザイン。

アルミのカトラリーとプラスチックの皿が社会主義っぽいピクニック・セット。いまもコレクターは多い。

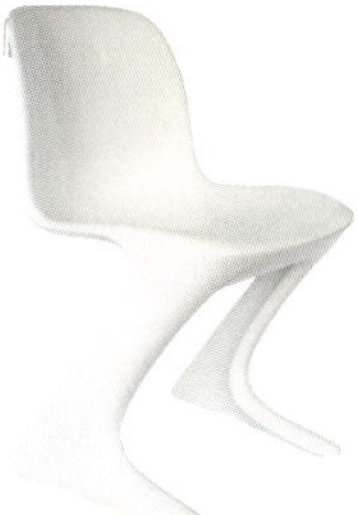

オスト・パントン(東のパントン)と呼ばれているのもうなずける、ガーデン用チェア。デザインはイタリア人。

メーデーや反戦デモといった社会主義ならではのイベント・ポスターをまとめた豆本。見飽きない一冊。

「ガーデン・エッグ」は、ハンガリー人のデザイン。開閉式で、閉めておけば外でもソファが汚れない優れもの。

東ドイツ80年代の電話。真っ赤なボディは、クラシカルな印象だが、プッシュボタン式は当時、最先端だった。

これはいったいなんだろう?と思わせるのが、東欧デザインの面白さ。答えは卓上扇風機。弱い風も笑える。

ジャストサイズのトランクが付いた、携帯用タイプライター。旅先で小説でも書きたい気分になりそう。

遊び心溢れる鶏のエッグカップ。プラスチック素材とポップな色を組み合わせた、キッチュ・デザイン。

丸形が可愛いスピーカーは、違素材で西ドイツでも流行。リサイクルプラスチックを使ったのが、東ドイツ製。

透明のプラスチックに、レトロさと新しさが共存しているアイスクリーム用カップ。重ねても美しいデザイン。

失われゆく東ドイツ時代の建築を、組み立てキットにした「ファルトプラッテ」。東ドイツのオリジナル紙添付。

メタル製のグラスは、組み合わせることによってランプとしても使われていた。

東ドイツのビールメーカーが売っていた、商標入りのグラス。いまとなっては、古き良き時代のデザイン。

椅子にも、サイドテーブルにも使える多機能プラスチック家具。ポップな色の組み合わせも自在に楽しめる。

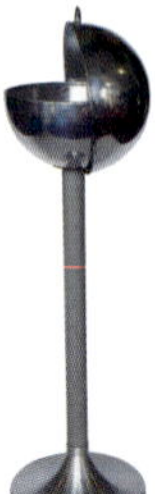

蓋が開閉するタイプの脚付き灰皿は、ちょっとしたグッドデザイン。旧東ドイツの建物で必ず見かける。

オレンジ色のファブリックがいかにも東ドイツらしい70年代のソファ。シンプルなフォルムがいま見てもおしゃれ。

博物館で見る、社会主義時代の日常生活。

右：安上がりに楽しめるキャンプは東ドイツで人気のレジャーだった。トラバントで引くキャンピングカーもあった。下：東ドイツの商店を再現した一角。東ドイツ出身なら誰でも知っている「モカフィックス」や「テンポ・ボーネン」などがずらり。しかし、物資不足のためこのように棚が商品で埋まることは一度もなかったという。1958年までは食料は配給制。その後、統一価格が導入された。

デーデーアール・ムゼウム・ツァイトライゼ

建物まるごと、東ドイツ！ 大充実のDDRミュージアム

2006年のメーデーにオープンした、私設ミュージアム。4階に分かれた3,500㎡の空間に4万点以上の展示品がずらりと並び、圧巻だ。各階ごとに、航空会社や鉄道、郵便局や学校などの「公的機関」、当時の居間やキッチンが再現された「暮らし」、工場やオフィスに関する「仕事場」、トラバントなどの国産車が140台以上揃う「乗り物」などのテーマによって分けられ、東ドイツの日常生活をあますことなく伝えている。東独出身の来場者たちがどの場所でも大盛り上がり。「私も持ってた！」、「懐かしいな」の声があがる。

1階では、東ドイツの定番菓子や洗剤などを販売するショップも。東ドイツのひとかけらを、自宅に持ち帰ることができる。

DDR Museum Zeitreise
●Wasastr.50, 01445 Radebeul
☎0351・835・1780
㊐10時〜18時　無休　㊕7.50€
www.ddr-museum-dresden.de

東ドイツの家庭のリビングルームでは実際にソファに座ることもできる。レトロな雰囲気が特に女性に人気のようだ。

DDR博物館

ハンドクリームから盗聴機器まで、東ドイツ時代を体験。

こちらも2006年オープンの博物館。ハンドクリームや炭酸飲料、絵本や人形からスポーツ大会での勲章メダルまで、東ドイツ時代の生活を実際に触って体験することのできる博物館。実は閣僚は西側の高級車に乗っていた……という笑えない展示までも。社会科学見学のグループも多く、壁が存在していた時代を知らない高校生たちが、不思議そうに東ドイツ時代の展示を見ている光景もよく見られる。

DDR Museum
●Karl-Liebknecht-Str. 1 10178 Berlin ☎030･847･123731
㊊10時〜20時(月〜金、日)、10時〜22時(土) 無休
㊑6€ www.ddr-museum.de

東ドイツ製のジーンズ。リーバイスのジーンズに対抗意識を燃やしていたようだが……。

2006年のドイツ映画「善き人のためのソナタ」を彷彿させる、盗聴装置。

コミュニズム博物館

体制下のチェコ人の日常生活を知るために。

小学校の教室を再現した展示、政府から表彰を受けた際に贈られたティーカップセットなど、社会主義体制下のチェコの日常生活がうかがわれる。「プラハの春」や「ビロード革命」などの展示もあり、チェコ人の視点から描かれた貴重な博物館。社会主義体制といっても、けしてそれは「ひとつ」ではなかったことがわかる。

Museum of Communism
●Na příkopě 10, Praha 1 ☎224･212･966
㊊9時〜21時 無休 ㊑190 CZK
www.muzeumkomunismu.cz

絵本で有名なチェコらしい、色とりどりの小学校の教科書と副読本。ロシア語の本も目立つ。

ロシアカメラが、人々を魅了する理由。

前時代的なほどクラシックな、いかにも光学機械然とした佇まい。クロムメッキの金属ボディやアルミの鏡胴が放つ鈍い光沢。旧ソ連製のカメラには、欧米や日本がアナクロだと捨て去ってしまった機構やスタイルが、色濃く残っている。マニュアルの不便な操作までもが、なぜか愛おしさを抱かせる。

単にノスタルジックな思いにとどまらない親密感を抱かせる旧ソ連製のカメラは、どのようにして生まれたのだろうか。

第二次大戦前から、ソ連はカメラ生産国としての気概を見せていた。それは、共産国家としての意地といってもいい、国民一人に一台ずつ行き渡らせんばかりの勢いであった。戦後、戦勝国としてドイツから一気に技術をとり入れたことで、その勢いは加速する。かのコンタックスのメーカー、ツァイスイコン社を技術者や光学施設ごと接収したというのは有名な話だ。ほかにも、往年のライカやハッセルブラッドといった名機たちをモデルにして、コピー機が次々と誕生する。

優れた製品のコピーから始まったのは、日本や欧米諸国も同様だ。だが、ソ連のカメラは、その後ガラパゴス島の生物たちのごとく、独特の進化を遂げてゆく。マイナーチェンジを繰り返すうちに初代より造りが簡略化されていったり、西側では時代遅れとなったメカニズムが何十年も作られ続けたり、そうかと思えば、奇想天外なオリジナルカメラが生まれたり。いずれにせよ、資本主義のマーケティングやデザイン戦略とは無縁の生産体制が、すべてが等しくスマートな西側製品とは対極にある、無骨で多様な味わいを生んだ。

1950年代半ばから70年頃にかけて黄金期を迎えたソ連製カメラは、大らかな国民気質を反映したかのようにアンバランスな魅力に溢れている。精密そうに見えて大まかな造りであったり、逆にチープに見えてすばらしい写りのレンズだったり、同じ型でも出来や仕様の違いがあったりといった具合に、予測のつかない面白さがある。カメラが20世紀前半の最先端技術の結晶だった頃の夢の残り香が漂うロシアカメラ。商品戦略に毒されることなく、純粋にその夢を宿し続けていたのだ。

その武骨さが愛しい、定番機の魅力。

フェド、ゾルキー、キエフ。これらの代表的なロシアカメラには、往年の名機の面影が漂う。それもそのはず、フェドやゾルキーはライカの、キエフはコンタックスのコピーが出発点。それがモデルチェンジを重ねていくうちに、独特の進化を遂げたり、そうかと思えば古典的なメカニズムが何十年も作られ続けたり。資本主義的な商品戦略とは無縁の、どこか肩の力の抜けた大らかさが味となっている。

クラシカルなパーツは、いかにも光学機器らしい佇まいを際立たせる。その武骨さが、何とも愛しい。

品質管理がゆるいお国柄ゆえか、鏡胴の形や絞りバネの色など、微妙な差のあるレアものも多い。値段も実にリーズナブル。「集めたい！」と、モノに対するプリミティブな欲求を、無性にかき立ててくれるのだ。

そして、面倒な操作を使いこなし、いい絵が撮れたときの達成感。これは、撮れて当たり前の最新機では味わうべくもない魅力だ。使いにくさが、むしろ遊び心を刺激する。

古き良き時代の香りを宿す定番機が味わい深さを醸す一方、インパクトたっぷりの個性派が存在するのも、ロシアカメラの大いなる

FED MICRON | フェドミクロン

電池交換不要のセレン光電池で自動露出が可能。大口径レンズ搭載で精巧な作りのハーフサイズカメラ。

Hidehito Tsukamoto / HIDEHITOronics

ZORKI-I | ゾルキーI

1950年頃に作られたライカDⅡのコピー「ゾルキーI」。沈胴式レンズの仕様がとても美しい。

KIEV-III | キエフⅢ

コンタックスのコピー「キエフⅢ」は、露出計付き。キリル文字による表記がたまらない。50年頃。

魅力だ。
　コピー王国というイメージも強いが、奇想天外な発想で独自のアイテムを生むこともしばしば。ルックスも機能もユニークなものが多く、撮る楽しさをぐんと広げてくれるのだ。

SMENA 8M | スメナ8M

レトロなデザインで最小限の機能しか持たないが、レンズ性能は秀逸。日本ではトイカメラブームの一翼を担った。

Hidehito Tsukamoto / HIDEHITOronics

　たとえば58ページの、ハーフサイズカメラ「アガート18K」。プラスチックのチープなボディゆえに、大胆でポップな配色が効いている。さらに、レンズ付きフィルムといった風情でありながら、意外にも写りがいい。ここが、ロシアカメラの侮れないところ。外観やリーズナブルな価格にたかをくくっていると、思わぬ感動に出くわすこともしばしばだ。ときに不具合があるのはご愛嬌。ゆったり構えて臨めば、素直に愉しめること請け合いなのだ。
　均一な高品質に慣れた現代人に、予測のつかない高揚感を抱かせてくれる個性派のロシアカメラ。ワクワク、そしてときにハラハラさせられる、憎めない相棒だ。

（高瀬由紀子）

ELIKON 535 | エリコン535

お天気マークで絞りとシャッター速度が変化するオリジナルデザインのマニュアルフォーカスカメラ。

Hidehito Tsukamoto / HIDEHITOronics

ZENIT 312M | ゼニット 312M

機能満載に見えるが実は超シンプルな機械式マニュアル一眼レフカメラ。見た目と中身のギャップが面白い。

Hidehito Tsukamoto / HIDEHITOronics

SMENA 35 | スメナ35

SMENA-8Mと同じレンズと機能で小型化されたカメラ。ホットシューカバーとレバー先端の赤色がロシア的。

Hidehito Tsukamoto / HIDEHITOronics

AGAT-18K | アガート18K

ハーフサイズが豊富なロシアカメラの中でも、縦に二分割されるボディ構造と機能美溢れる斬新なデザイン。ロシアカメラ界に突然変異的に現れた小さな銘機。

CHAIKA-I | チャイカI

玩具のようなシャッター音や見た目とは裏腹にロシアレンズの優秀さに驚かされるハーフサイズカメラ。

Hidehito Tsukamoto / HIDEHITOronics

CHAIKA-II | チャイカII

ハーフサイズカメラの「チャイカII」は、レンズ交換が可能となっている。グレーの革はレアバージョン。

MOSKVA-5 | モスクワ5

スーパーイコンタをコピーした蛇腹カメラ「モスクワ5」は、6×9、6×6判での撮影が可能。

LOMO-135M | ロモ135M

1980〜85年頃まで製造されていたソ連カメラ。上部のノブを最大に巻き上げると、6〜7枚の連続撮影が可能。

Hidehito Tsukamoto / HIDEHITOronics

SUPUTNIK | スプートニック

迫力の立体写真が楽しめるステレオカメラ「スプートニック」。ベークライト製でビュアー付き。

KIEV88-TTL | キエフ88-TTL

ハッセルブラッドの堂々たるコピー機「キエフ88-TTL」。その後もさらに改良を重ねている。

ロシア・東欧に学ぶ
エディトリアル・デザイン

ロシア
東欧デザイン

元祖エディトリアル・デザインの誕生。

ロシア・アヴァンギャルドのクリエイター、エル・リシツキーは、まさに旅する表現者だった。1890年に彼がこの世に生を受けた地はロシアの田舎町だったが、仕事を通して欧州各地を訪れたのだ。ベルリン、ロッテルダム、ウィーン、パリ、トスカーナ……。

4カ国語を操る本好きの父と敬虔なユダヤ教徒の母に育てられた絵を描くことが大好きな少年が初めて訪れた外国は、ドイツ。建築を学ぶ学校に在学していた彼は、このとき、建築家のヴァルター・グロピウスらに会い、大いに感化される。その感動を「美しい純粋な線という新しい概念が、それまでの建築然としたまがいものの装飾の混乱に止めをさした」と記した。

変動する時代のなか、リシツキーもまた純粋な線を求めていった。美術学校の校長をしていたマルク・シャガールの招きで母国の美術学校で教鞭を執り始めるのは、1919年。同校で教えていたマレーヴィッチの影響を受け、「芸術の革命」への道を歩んでいく。ナイーヴそうな彼の容姿そのままの、細やかな探求が彼の革命の方法だ。

どれも魅力的な彼の作品のなかでもとりわけすばらしいのが、マヤコフスキーの詩集だろう。本人と一緒に13篇の詩を選んだ彼は、この本で斬新な「仕掛け」を試みている。読みたい詩をすぐに探せるように、本の右端にタブ構造のインデックスをつくったのだ。ページをめくれば、内容に密接なタイポグラフィで、「声に出して読みたくなる」デザインとなっている。

1925年にジャン・アルプと出版した"Die Kunstismen"ニューヨーク近代美術館（MoMA）所蔵。

1930年に出版された"Neues Bauen in der Welt"より"Russland" ニューヨーク近代美術館（MoMA）所蔵。

1919年に作成されたプロパガンダポスター"Beat the Whites with the Red Wedge"

柔軟で緻密で、ダイナミック。それが彼のスタイル。ミース・ファン・デル・ローエと機関誌を制作する機会を得、バウハウスのモホリ＝ナジのアトリエも尋ね、コルビュジエにも会うなど、他の表現者とも交流を行いながら、彼自身もまた活字を緻密に建設していった。そして彼の、美しく整理された文字の配置と、空間を感じさせる造形力は、モダン・タイポグラフィの先駆者として知られるヤン・チヒョルトにも大きな影響を与えたほど。チヒョルトは自分がショックを受けたバウハウス展の作品集表紙がリシツキー作品の影響を受けていたことを知り、リシツキーに傾倒していったのだ。

簡潔で洗練されたリシツキーの表現は、本として世界に伝わり、広く影響を及ぼしていく。こうして、現代のエディトリアル・デザインの礎が築かれていったのだ。

（川上典李子）

プロパガンダという名の前衛ポスター

ロシア・アヴァンギャルドのなかでも広く機能したのが、街のあちこちに貼られたポスターだ。1917年のロシア革命。世界初のこの社会主義革命を、都市のみならず、文字の読めない民衆が多い農村にまで伝えるには、強烈な視覚化が必要だったのだ。

そこで新たな表現手法が発明されていった。ロドチェンコがいち早くグラフィックの世界に取り入れた、断片的な写真の合成「フォト・モンタージュ」の手法。デフォルメされ、パースペクティブがつけられたさまざまなタイポグラフィの実験。後期には映画の手法を巧みに取り入れ、クローズアップ、オーヴァーラップ、大胆なアングルも登場した。人々にインパクトを与えることを至上の任務とする「拡声器」として、前衛ポスターは都市や農村に広められた。革命はアーティストの理念を示す、格好の舞台だったのである。

マヤコフスキーやマレーヴィッチらが参加したナルコンプロス（人民教育委員会）機関誌の創刊号には、マヤコフスキーの詩の一節がある。「街路は我々の絵筆、広場はパレットだ」

革命の宣伝が描かれたアギート（煽動）の列車や船などの移動広告塔が人々の前に姿を見せたこの時代、マヤコフスキーらの「ロスタの窓」も忘れてならない革命アートのひとつだ。ロスタの窓とはロシア電報通信社のニュースをポスターにして貼り出す活動で、マヤコフスキーらは受け取った電報に沿って内容を決め、風刺的な絵にスローガンを記したポスターを、紙を切り抜いて着色するステンシルや木版の手法で制作し、全国に発送した。

作者不詳。「電話、電報、郵便、ラジオの業務につく労働者よ、人民のコミュニケーションという名の飛行機を建造しよう」。1925年。

作者不詳。「労働者よ、我ら自身の航空部隊を作り上げよう！」。1924年。

ニコライ・アキーモフ作「レーニン。1万の敵それぞれを迎え撃つために我々は新たに数百万の戦士を召集する」。1925年。

情報入手からわずか1時間内にポスターが完成しているという、その速度はまさにアヴァンギャルドらしい。社会の出来事を一刻も早く人々に知らせ、国民の理解や協力を得ることが必要だった。

ロシアの前衛ポスターでは、この「速度感」こそが重要だったのだ。瞬間に認知できる赤や黒、黄の強いコントラスト。斜めの構図。機械や建築物のコラージュはこの速度感を加速した。

「五カ年計画を4年で遂行しよう！」「我々の石炭の負債を国家に支払おう」「地下鉄は我らのために！」……ユートピアのために示された政府のスローガンは、ポスターの隅々から声を発していた。まるで聴覚で感じられるポスター。生産主義ポスターの名手、グスターフ・クルーツィスは、自身の表現を「煽動と宣伝の手段としてのフォト・モンタージュ」と述べている。

アヴァンギャルドのポスターは、ロケットやクルマのごとく、機能と美を備えた、美しきマシン。壮大な実験が試みられた最初のメディア・アートであった。（川上典李子）

ユーリー・ヤローシェンコ作「貯蓄銀行のためのキャンペーンを開始しよう」。1932年。

グスターフ・クルーツィス作「五カ年計画を4年で遂行しよう」。1930年。

作者不詳。「人民経済全連邦会議。指令：労働の生産性を上げよ！」。1925年。

歴史を変えた、東欧のクリエイター8人。

ハンガリー
Hungary

カッシャーク・ラヨシュ 1887〜1967

ハンガリー構成主義を、象徴する才能。

１９２０年代、ハンガリー。当時、政治が激動し、クリエイターにとってけして望ましい環境ではなかったこの国では、だからこそ強く鮮烈な表現が生まれた。その先端にいたのがカッシャーク・ラヨシュである。

彼が作った広告やパンフレットには、ヨーロッパの前衛精神が結実している。商業と結びついた表現が最先端のアートになる可能性に、誰よりも早い時期から気づいていたのだ。「よいポスターは、ビジネスの手段というだけでなく、芸術的な作品である。それは人々に楽しまれ、肖像画や風景のように評価される」と、自身で手がけていた雑誌『MA《マ》（今日）』で主張したのは、１９１６年のことだった。そして彼は、こうも述べている。「よいポスターは常に、攻撃的な表現から生まれる」と。

ラヨシュは詩人、アーティスト、編集者などさまざまな顔を持つ。しかし彼は当時の多くの文化人とはまったく違う育ち方をした。13歳で学校を中退し、錠前工として各地を放浪。やがてハンガリーの首都ブダペストの工場で働くが、すぐに労働者を組織してストライキを行い、アナーキストとしてブラックリストに載ってしまう。その後、20歳頃から独学で詩や絵を手がけるようになり、再びの放浪の末に訪れたパリで、初めてアヴァンギャ

Kassák Lajos

●1887年ハンガリー生まれ。ヨーロッパ各地を放浪しながら前衛アーティストと交流し、ハンガリー構成主義を主張。生涯、反戦思想を貫いた。

ト一映画館のポスター。Tの縦線を伸ばして大胆な構図を作り上げた。人物の写真は背景から切り離され、構図と一体化している。1926年。

陶磁器メーカー、トロのパンフレット。社名のシンプルな書体と円や四角が呼応してリズムをつくる、構成主義的なグラフィック。1926年。

ブダペスト動物園のポスター。シマウマのインパクトが絶大。窓から顔を出しているように見える。背景の色使いも効いている。1927年頃。

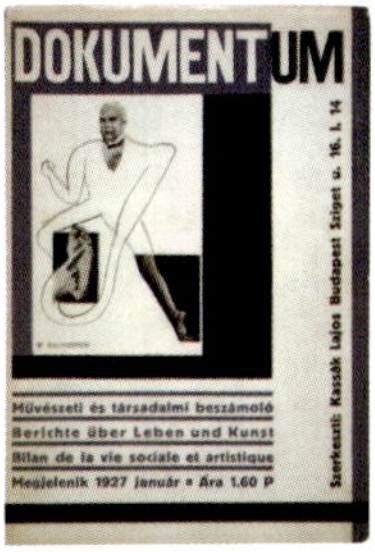

『ドクメントゥム』は、ラヨシュが編集した、アートと社会に関する雑誌。1927年。

雑誌『MA』。MAとはハンガリー語で「今日」。文字と図形が融合する。1921年。

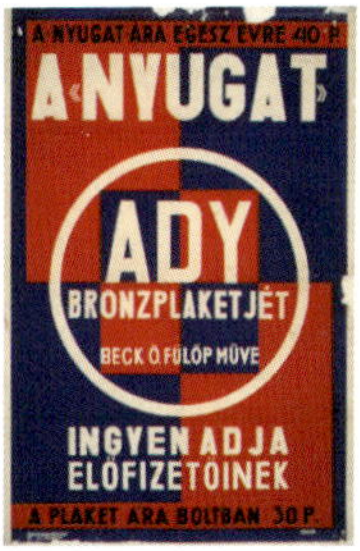

雑誌『西』のポスター。センタリングしたタイポグラフィに図形を組み合わせながら、円と四角は上下左右を対称にレイアウト。1928年。

ブダペストの新聞印刷会社の広告パンフレット。工場の図のコラージュが現代アートのようだ。1927年頃。

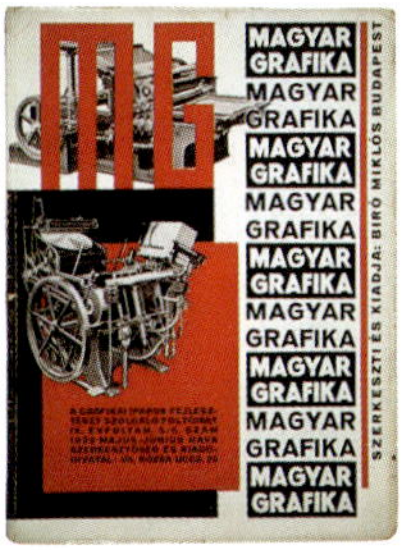

『ハンガリーのグラフィック』の表紙。ひたすら反復するタイポグラフィの迫力は時代を超越している。1928年。

ルドに接触した。

15年にブダペストに戻ってから発行した雑誌『MA』には、そんなラヨシュの思いが詰まっている。この雑誌で彼は詩や評論を書き、各国の前衛芸術を紹介、誌面も自らデザインした。

しかしまだ放浪は終わらない。社会主義者で独特の政治観を持っていたため、彼は19年に左翼として投獄され、翌年にウィーンへ亡命。『MA』を出版しながらダダや構成主義のアーティストと交流を持つ。そして26年以降、再びブダペストに拠点を戻し、企業広告やパンフレットなどにまで、活動の場を広げていくことになる。

そんなラヨシュの作風は、ハンガリー構成主義と呼ばれ、平面的な構成の中に多彩な要素を含む。タイポグラフィ、写真、図形などを、一種のコラージュやデフォルメを使いながらダイナミックにミックスした。そして特に印象的なのは、自由とラディカリズムを愛した彼らしいセンス。ポップと呼びたくなるほどのモダンさがある。

外国の空気をいっぱいに吸い込んだラヨシュが、コスモポリタンの感性をハンガリーに持ち込んだことは間違いない。彼の作品は、パリやウィーンだけが芸術の都だったわけでなく、東欧にも独自の文化が育っていたことを雄弁に物語っているのだ。

(鈴木文恵&ボブ・コーエン)

ハンガリー
Hungary

視覚を自在に操る、シュールな構図。

オロス・イシュトヴァーン 1951〜

オロス・イシュトヴァーンは、この世に存在しないものを創造する、稀有なグラフィック・アーティストだ。M・C・エッシャーさながらに、彼の指先は上下のない階段を描き、反対側を向いた窓を向かい合う窓に変化させる。人間の視覚の複雑さを知り尽くしているからこそ、これほど鮮やかにテクニックを使いこなすことができるのだ。

だが彼の代表作は、視覚のトリックを使った作品だけではない。「タバリシ・アデュー！(僚友よ、さらば！)」は1989年、ソ連軍のハンガリー撤退を題材に個人制作したポスターで、制服姿の男はソ連軍を表している。構図は上下左右が対称形に近く、太った首が妙にリアルだ。イシュトヴァーンがめったに使わない手書き文字風の「Adieu!《アデュー》」に、その喜びが力強く表現されている。

89年に行われた初の国政選挙で、「アデュー！」(さらば！)の部分をロシア語に変え、ハンガリー民主フォーラムが「タバリシ・アデュー！」を選挙ポスターとして使った。この政党は民主化後初の政権を獲得し、ポスターは歴史の象徴となったのである。

こんなふうにシリアスさとユーモアが溶け合ったシュールな作風が、イシュトヴァーンの持ち味である。ゆっくりと話す、親しみやすいジェントルマンだが、頭の中には無数の複雑なイメージが渦巻いているに違いない。

彼が本格的にグラフィックの世界に入ったきっかけは74年、アメリカのデザイン誌『プリント』の学生コンペに入選したことだった。作品は表紙に使われ、賞品として『プリント』

Orosz István

●1951年ケチケメート生まれ。ブダペストの美術学校を75年に卒業。劇場でステージ・デザイナーを務めた後、劇場ポスターなどをデザインし、グラフィックの道へと進んだ。

3年分が送られてきたという。

「当時は、西側の出版物が手に入りにくかったから、僕にとっては貴重なプレゼントだった。ハンガリーが共産圏だった頃は、外国で買った画集が持ち込めないことも多かったんだ」と懐かしそうに振り返る。

『プリント』で入選した作品は、昆虫でアルファベットを描いたもの。その後の視覚トリックを使う作品のルーツといえる手法は、すでに当時から彼が打ち込んでいたものだった。

彼が使う道具は現在も鉛筆とペン、そして昔ながらのインクだ。

「どれもごく普通の文房具店で売っている。微妙な力の加減で線の強弱が変えられるから、ペンは何よりも使いやすいんだ」とイシュトヴァーン。コンピュータも専門的な画材も使わずに、彼はさまざまなバリエーションの視覚トリックを使ったグラフィックを手がけていく。たとえばミュージカル『ウエスト・サイド・ストーリー』のポスターでは、得意技ともいえる「だまし絵」を描いた。絵の上部の窓は、ひとつの角部屋のふたつの窓に見える。しかし視線を下にずらすと、ふたつの窓はいつの間にか向かい合う。三次元ではありえない立体である。

2人の男が会話するエッチング作品「愚者の船」では占い師か天文学者の部屋を思わせる室内を描いているが、まず目に飛び込んでくるのは頭蓋骨のシルエット。彼の作品には、このように中世風のモチーフが用いられることも多く、シュールなニュアンスをいっそう際立たせる効果をもたらしている。

「サヴァラン・パラフレーズ」はアナモルフォシスという手法で描かれた。極端に歪んだ絵は、そのままでは何かわからないが、鏡面の筒を置くとそこに精密な絵が浮かぶ。筒はペン立てになり、ペンの影までも作品の一部になるのが独特だ。もちろんこの手法でも彼はコンピュータを使わない。

シカゴのギャラリー、アイ・スペースで開催された「オロス・イシュトヴァーン展」のポスター。1997年。

「ヴィクトリア＆アルバート美術館」のポスター。シェークスピアの肖像を描いた。1999年。

「タバリシ・アデュー！」と題したポスターは、ソ連軍の撤退がテーマ。タバリシはロシア語で「僚友」という意味。アデューはフランス語で、永遠の別れをイメージさせる。1989年。

演劇『血を分けた兄弟』のポスター。労働者階級と中流階級で離ればなれに育った双子の兄弟が主人公。階段はイシュトヴァーンがよく使うトリックのモチーフだ。1993年。

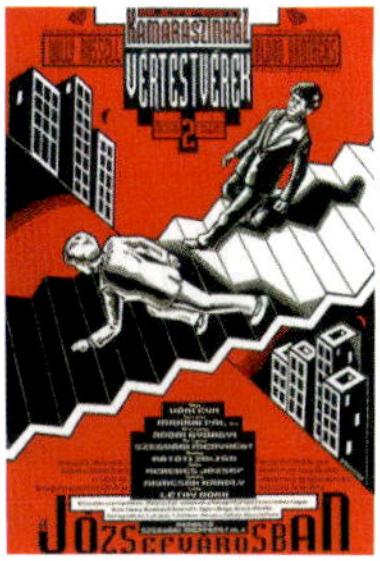

作品「サヴァラン・パラフレーズ」。アナモルフォシスという伝統的な手法を使っただまし絵。大きく歪んだ画像が、円柱に映るとペン立てに！ 2006年。

小説『神秘の島』の表紙をデザイン。船の描かれた風景画だが、上下を逆さまにしてみると、著者ジュール・ヴェルヌのポートレートになっている不思議な作品だ。1979年。

そんなイシュトヴァーンは〝ウーティス〟という名前で仕事をすることも多いのだが、この言葉に込められた意味がまた面白い。ウーティスとは、ホメロスの『オデュッセイア』でオデュッセウスがひとつ目の巨人ポリュペモスの目を潰したとき、目が見えなくなったポリュペモスに対して名乗った名前だ。ウーティスにはギリシャ語で「誰でもない」という意味がある。だから「ポリュペモスがウーティスにやられた」というと、「ポリュペモスは誰にもやられていない」という意味にもなるわけだ。

作品「釘と麦」。麦の穂と曲がった釘の作る影が、ソ連のシンボルの鎌とハンマーになっている。1989年。

オイル・ペインティング作品「チェスボード」。平面と立体が融合する。2005年。

　こんなふたつの意味を持つトリッキーな言葉は、彼の作品そのもの。そしてふたつの意味とは、単に表面上のモチーフというだけでなく、活動のバックグラウンドにも深く関係している。

　イシュトヴァーンが学生時代から興味を持ったのが「行間を読む」「イメージの向こう側を見る」という考え方だった。社会主義時代、一党独裁政権が続いていたハンガリーでは、オープンな表現や現実のリアルな描写が、刑罰の対象になることがあった。だからクリエイターは、本当に伝えたいことを、表向きは何の変哲もない表現の奥に潜ませるテクニックを磨いたのだ。こうした事実が、情報の送り手だけでなく、一般の人々や、ときには良心的な検閲担当者にも広く知られていたとい

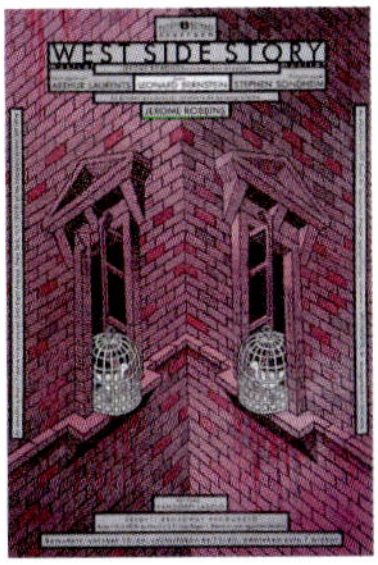

ミュージカル『ウエスト・サイド・ストーリー』のポスター。文字要素も左右対称に配置している。1996年。

デジタルプリント作品「ポスター」。ポスターの表と裏に別の世界が。2004年。

エッチング作品「愚者の船」。1999～2006年にかけて発表された10枚シリーズのうちのひとつ。ミステリアスなシーンが描かれたシリーズは、すべて中央に白い頭蓋骨が浮かぶ。

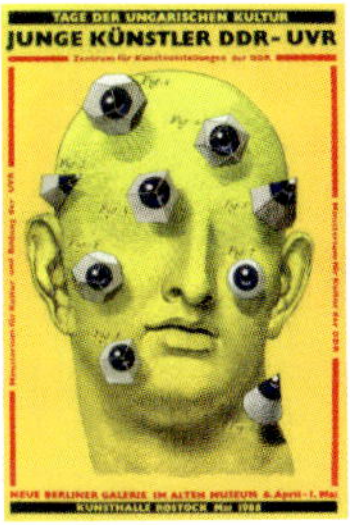

「ハンガリーと東ドイツの若手アーティスト展覧会」のポスター。目のような立体はすべて形が違う。1988年。

うから、なんとも複雑な時代である。

　だが90年、ハンガリーは資本主義国家となり、体制が大きく変わった。グラフィックの表現は、この国にはほとんど存在していなかった企業プロモーションへと吸収されていく。すると、それまで国家に規制されていたグラフィックは、今度は企業の利益追求のために〝規制〟されるようになってしまった。イシュトヴァーンは、そこに憤りを感じ、一時は仕事の方向性を変えようとさえ考えていた。

　しかし彼はすぐに、ある事実に気づく。実は「何も変えなくていい」ということに。ひとつのグラフィックによって表と裏のふたつの意味を運ぶことは、資本主義の中でも有効なのだ。

　いまも彼は多くの商業広告を手がけている。そこには視覚トリックの面白さだけでなく、また別のメッセージが潜んでいるのかもしれない。

（鈴木文恵）

Ladislav Sutnar

●1897年オーストリア=ハンガリー帝国領ボヘミアのプルゼニ生まれ。グラフィックやプロダクトのデザイナーとして活動後、1939年からアメリカで主にADとして活躍。

チェコ
Czech

ラディスラフ・ストゥナール 1897〜1976

「絵文字」を活用した、伝説のデザイン

東欧に育ちながら、国外で成功を収めたデザイナーは多い。ラディスラフ・ストゥナールもそのひとり。チェコスロバキア出身の彼は、1939年のアメリカ亡命後に〝ラディスラフ・ストナー〟として幅広く活躍。戦後のアメリカのデザインが世界に先駆けて発展する上で、彼が果たした役割は大きい。

そんな彼がチェコスロバキア時代に残した代表作が、プラハの新劇場のポスターである。これは建物の場所を示す地図を、そのままグラフィックとしたもの。絶大なインパクトがあり、機能性も高い。そして何よりこのポスターは、字の読めない人に対して情報を伝えるという意味でも画期的だった。

情報が効率よく、間違いなく、不特定多数の受け手に伝わること。それがストゥナールのグラフィック・デザインに貫かれたテーマだった。モダンなタイポグラフィで有名なヤン・チヒョルトやバウハウスの影響もあったが、同時にオットー・ノイラートの考え方が彼をインスパイアしたという。ノイラートは、国際共通語としてピクトグラムなどの「絵文字」を提唱したオーストリアの社会学者。そしてストゥナールのグラフィックも、やはりキーになっているのは、言葉に頼らない表現だ。

35年に彼がデザインした小学校用の教科書もそうだった。国の地域ごとの人口構成を示すページでは、赤い人のマークがチェコ系・スロバキア系を、青い人のマークがドイツ系を示すなど、子どもにもわかりやすいように工夫されている。

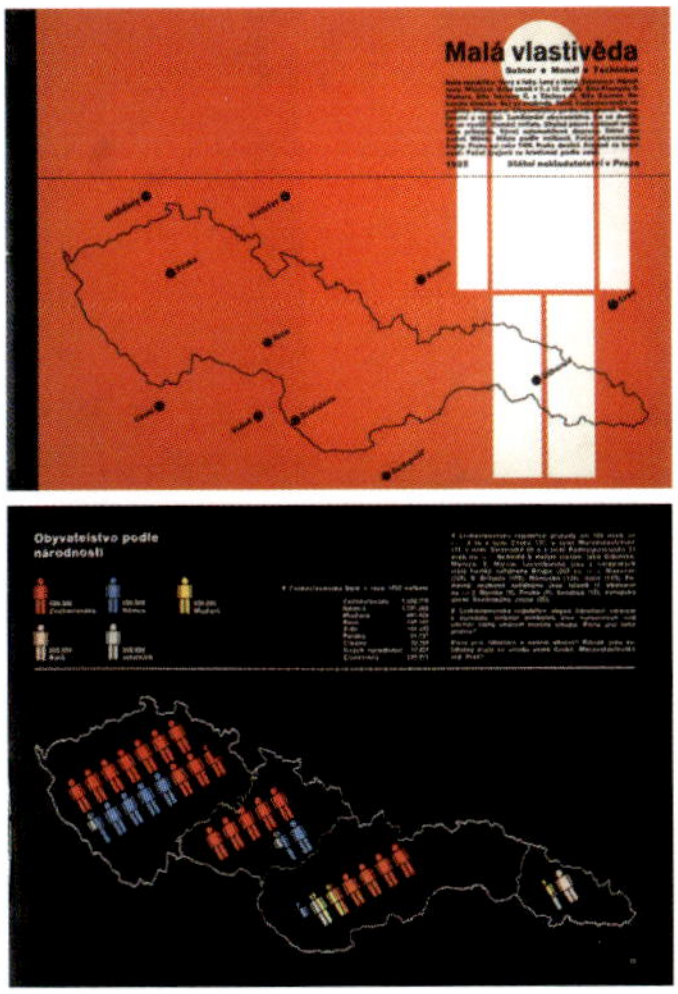

教科書『国の歴史と地理』。表紙(左)と中ページ(右)。地図、グラフ、図形を多用して、子どもが地理を理解しやすいように工夫している。1935年。

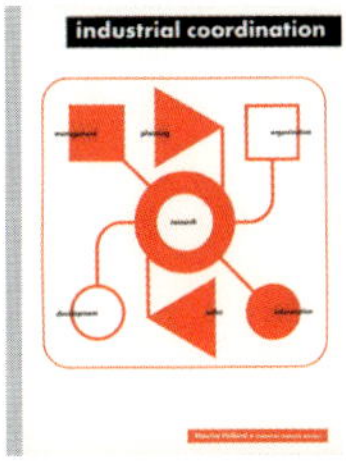

モーリスホランド社のカタログの表紙。四角、三角、丸という単純な図形を使って仕事の流れを図解。1947年。

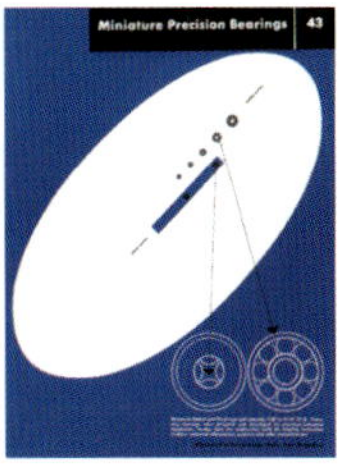

ミニアチュア・プリシジョン・ベアリングス社のカタログの表紙。ベアリングの小ささを伝える。1944年。

ロシア東欧デザイン

印刷物「ユナイテッド・チェコスロバキア・レリーフ」。空軍、サボタージュ、勝利の関係を直感的に伝えるグラフィック。アメリカで配布された。1942年。

プラハの新劇場のポスター。黄色い丸で囲まれたのが劇場。周辺の道路がその位置を示しながら、グラフィックとしてのインパクトを生み出した。1935年。

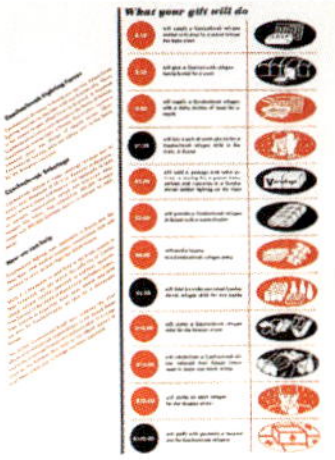

「ユナイテッド・チェコスロバキア・レリーフ」。寄付額によって、それがどう役立つかをピクトグラム風に表現。

ストゥナールは39年、ニューヨークで行われたワールド・フェアでチェコスロバキア・パビリオンのインテリア・デザインを担当する。そのためにアメリカを訪れたちょうど同じ時期、ドイツが母国を侵略。彼は帰国せずに急遽、アメリカに住むことを決めたのだ。

42年、彼がアメリカでの初期の仕事として手がけた「ユナイテッド・チェコスロヴァキア・レリーフ」の印刷物も、時代を先駆けた意欲作。これは在外のチェコスロヴァキア空軍と、母国でのサボタージュ活動を支援して、ナチスからの勝利を実現しようという内容。サボタージュは工場などで遅いペースで仕事をすることで、わざと生産性を下げ、侵略者に利益を与えないことを意図している。それをカメで表したところがなんとも巧妙である。理論だけでなく、デザインで一般の人の心を掴むツボを、彼は知っていたのだ。

情報をグラフィックで表現する、というのは現在では当たり前のこと。コンピュータ上のアイコン、リモコンのスイッチ、車のインジケーターなど、いたるところに言葉を使わない情報伝達がある。

ストゥナールはその方法をデザインとして確立したパイオニアだった。現在の生活において、私たちが何気なく使っているものの中にも、彼の哲学を受け継いでいるデザインが、数多く存在しているのだ。（土田貴宏）

チェコ
Czech

詩とダンスで描く、圧巻のビジュアル

カレル・タイゲ 1900〜1951

Karel Teige

●1900年プラハ生まれ。20年に作家のヤロスロフ・サイフェルトらとともにデヴィエトスィルを結成。アートや建築についての執筆のほか、多方面で活躍した。1951年死去。

A、T、V、K……。エロティックなコスチュームに身を包んだ女性が、身体の曲線で表現するアルファベット。その写真を、さらにスクエアなグラフィックが囲む。まるで現代の先鋭的なモード誌のようだが、これは1926年のチェコの詩集だ。タイトルは『アベツェダ』、この斬新なグラフィックを完成させたのがカレル・タイゲだ。

当時、まだ20代半ばの若者だった彼は、2度の大戦の間に盛り上がったチェコ・アヴァンギャルドの中心人物。そして彼が確立したのが〝絵画詩〟というジャンルである。彼はビジュアルと文学を、ひとつの感性のもとにミックスする天才だ。チェコ・アヴァンギャルドは第二次世界大戦とともに消滅するが、タイゲが描いたビジョンは、いまなお私たちの目を釘づけにする。

『アベツェダ』は、前衛芸術集団のデヴィエトスィルをタイゲとともに設立した詩人、ヴィーチェスラフ・ネズヴァルの詩集だ。もともとアルファベットをテーマに書かれた4行詩だが、1926年に、ある舞台でダンサーのミルチャ・マイエロヴァーがその詩を視覚化した。舞台に感激したタイゲは、写真と詩、そしてグラフィックを組み合わせて詩集『アベツェダ』を制作。これが絵画詩の傑作となり、チェコ・アヴァンギャルドの金字塔として評価されることになった。肉体、文学、思想、構造や喜びまでもが新しい価値観によってページの上に収まっているからだ。

翌年、タイゲは編集長として『RED』を発行。これはデヴィエトスィルの機関誌で、国内外の前衛芸術やモダニズム運動に関するあらゆるテーマを扱った。デザインもタイゲが担当し、彼が主張したモダン・タイポグラフィが実践されている。特に表紙のグラフィックは、文字、図版、線やマークがスタイリッシュに調和する。

チェコ・アヴァンギャルドの本質は生活とアートの一体化であり、そのためには新しい形態のアートが必要だと彼らは考えた。その結果、生まれたのが『アベツェダ』『ＲＥＤ』の美しいグラフィックである。印刷物が旧来の絵画や彫刻の役割を果たすことを、タイゲは20年代に確信していたのだ。

しかし、全体主義化する国家にとって、そんな社会観が不都合だったのは当然のことだろう。第二次世界大戦が始まると、タイゲの活動は地下に潜らざるをえなくなる。そしてチェコ（当時チェコスロバキア）が共産主義政権となった48年からは、いっさいの活動が禁止されてしまった。

それでも彼の周りには、晩年まで若いシュルレアリストたちが集っていたという。やがてポスターや装丁で独自の文化が発達したチェコ。タイゲはその礎となったのだ。

（土田貴宏）

アルファベットに合わせて、ダンサーのマイェロヴァーがポーズをとった『アベツェダ』の中面より。左ページに詩が配され、写真を囲むグラフィックは幾何学的に構成されている。

『RED』は1927〜31年に発行された月刊誌。当時の重要なアーティストや建築家がほとんど取り上げられた。初期の表紙は絵画詩的なものが多く、中期は構成主義的に。創刊号。1927年。

『アベツェダ』はチェコ語でアルファベットを意味する。表紙には詩人ネズヴァルとともに、マイェロヴァーの名前も見える。1926年。

フィリッポ・トンマーソ・マリネッティと、彼が牽引した未来派を特集。第2巻第6号。1929年。

写真の下にはル・コルビュジエとピエール・ジャンヌレの名が。第3巻第3号。1929年。

Jan Rajlich

●1920年チェコスロバキア・ディールネー生まれ。50年からブルノに住み、グラフィック・デザイナーとして幅広い分野で活躍。息子のヤン・ライリッヒ・ジュニアも同業の大御所。

チェコ

Czech

ヤン・ライリッヒ 1920〜

ラブ&ピースの精神が、傑作を生む。

ハートは、美しい。とてもバランスのいい、無駄のないフォルムをしている。チェコを代表するグラフィック・デザイン界の巨匠、ヤン・ライリッヒの作品では、見慣れたはずのこのマークが不思議なほど新鮮に見える。

「1950年代から作品の中で無数のハートを描いてきた。毎年、欠かさず送っているクリスマスカードでも〝気持ちを込めて〟という言葉をハートに託しているんだ」とライリッヒ。誰もが知るモチーフゆえの難しさがあるのは間違いない。しかし、彼の作品の中のハートには、本来の輝きがある。

20世紀後半以降の東欧でもっとも存在感のあるデザイナーとして、ライリッヒは幅広い仕事をこなしてきた。ポスターとCIは、その象徴だ。だが、すべてのベースには、ラブ&ピースの精神があるように見える。

幼少期から画家になりたかったというライリッヒだが、1939年以降、ドイツの侵略にあい、チェコスロバキア（当時）ではすべての国立大学が閉鎖されていた。そこで彼が選んだのが、バチャという靴メーカーが開いた私立の美術学校である。この学校の設立者は建築家で、バウハウスの理念をとり入れた教育を行っている。ただし、ナチスがバウハウスを嫌っていたために、その学校の存在が広く知られることはなかった。

学校を出てから、ライリッヒはまず風景画家として成功を収める。しかしだんだんと疑問が膨らんできた。

「世界中でどれほど多くの絵が描かれているのか？　そのうちの何枚が人前に飾られてい

CIデザインの数々。左上から時計回りに、ラテン語を使ったモラビアのワイナリーのロゴマーク、1970年。製材会社の展示会用のマーク、1969年。工業用照明器具メーカーのロゴマーク、1972年。組んだレンガをモチーフにした企業ロゴマーク、1971〜74年。

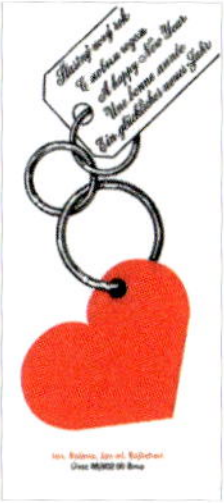

ライリッヒは1977年から、親しい友人たちにクリスマスと新年を祝うグリーティングカードを送り続けている。毎回、モチーフはハートだ。

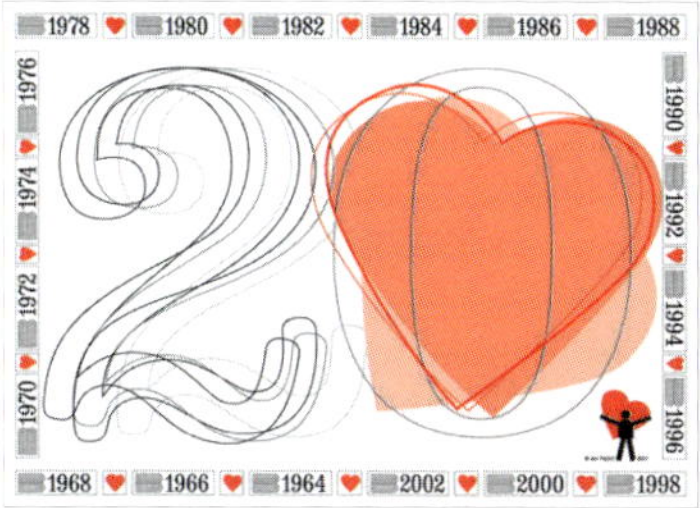

ブルノ・ビエンナーレの第20回を記念したポスター。「20」のタイポグラフィと好んで多用していたハートのモチーフを、躍動感のあるデザインの中にまとめた。2002年。

スロバキアのドゥシャン・ユネクの企画で、ライリッヒの80歳の誕生日を祝い、多数のアーティストが彼に捧げる作品を制作した。これはライリッヒが作った、その展覧会のポスター。2000年。

るのか？　絵で人を満足させることの難しさに気づいたんだ。でもグラフィック・デザインなら、努力が必ず人の役に立つ。つまり、もっと実用的なものが作りたかった」

グラフィックの中でも彼にとって最も魅力的なのは、やはりポスターだった。何よりもシンプルな性格を持つメディアだからだ。街中のポスターを、何十分も眺める人はいない。誰もが数秒から数分で、作品を通り過ぎていく。だからこそ、ポスターには、その時間の中で伝わる量の情報が、的確に備わっていることが要求されるのだ。

「情報を伝えるというのは、受け手を刺激し、教育し、手助けすること。私の仕事は、図版と文字を使って揺るぎない明瞭なコミュニケーションを作り出すことだ。ポスターはコレクターや批評家のためのものではない」

こういった考え方を形作るには、バチャの学校で学んだことも大きかった。ただし彼のデザインは、バウハウス流の合理主義的なグ

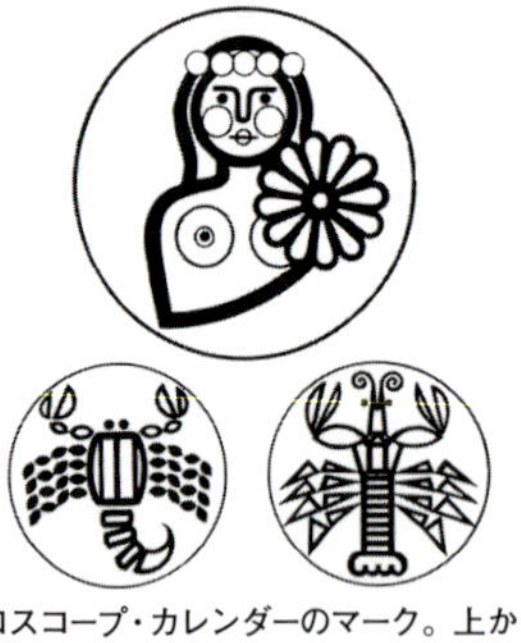

ホロスコープ・カレンダーのマーク。上から時計回りに乙女座、蟹座、蠍座。単純化されている線からは、親しみやすさがにじみ出る。1973年。

トゥルーズ＝ロートレックの生誕100年を記念した展覧会のためのポスター。

「世界グラフィックの日」のポスター。コラージュに使った写真は雑誌から切り取ったもの。人物のみならず、背景の素材選びにも注目したい。2003年。

ラフィックとは違う。それはハートのモチーフから一目瞭然だが、ほかの作品にもユーモアの要素が少なくない。「スロバキアとチェコという共有存在」展のポスターでは、シンプルなタイポグラフィに双葉のイラストを組み合わせた。双葉はスロバキアとチェコを表す。どちらも国旗の色はトリコロールなので、白い双葉に赤と青の色を載せ、ふたつの国をやさしくポップに結んでみせた。

また最近は、コラージュの作品も増えている。2003年の「世界グラフィックの日」のポスターでは、女性の顔をモチーフに、若々しく斬新なビジュアル・イメージを提示した。「チェコ語で〝グラフィック〟は女性名詞。そして美しい女性の顔は誰もが好きなモチーフだからね。歳のせいで目も手も弱ってしまって、絵の具よりもコラージュが楽なんだ」と冗談っぽくライリッヒは言う。

彼は64年からブルノ・ビエンナーレを主宰し、世界有数のグラフィック系エキシビショ

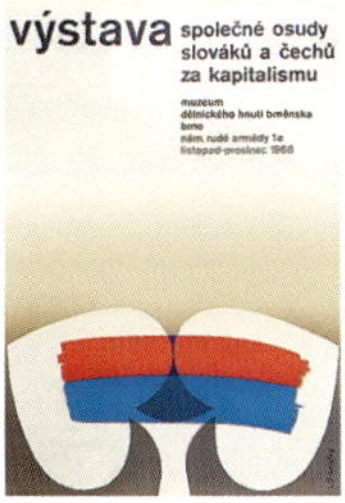

展覧会「スロバキアとチェコという共有存在」のポスター。双葉のモチーフとトリコロール・カラーをさりげなく組み合わせた。葉はハートにも見える。1968年。

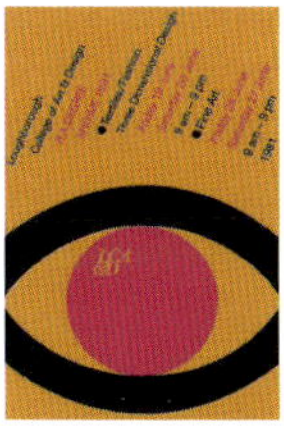

ラフバラー芸術デザイン大学の学士課程の卒業展ポスター。目は「この展示会を見ておくべき」というメッセージを伝える。

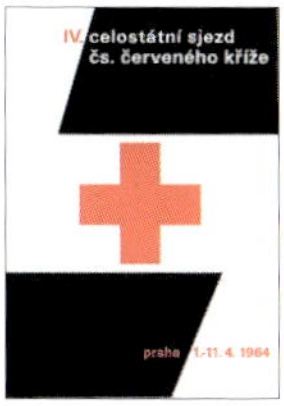

赤十字のポスターのためのデザイン案。マークが映える、非常にシンプルな構成。1964年。

演劇『人は自分の目を信じないだろう』のチラシ。サーカスをモチーフに、鼻の上にボールをのせた曲芸人を図案化した。1962年。

演劇『汚れた手』のポスター。原作はサルトル。政治的な理由により公演が急遽中止されたため、幻のポスターとなった。1966年。

演劇『お気に召すまま』のチラシ。劇の内容を反映し、人間の2面性を表現した。1968年。

ンに育て上げた。そのことをとってみても、80年代までの社会主義体制が彼にとってマイナスではなかったことがうかがえる。一方で現代のチェコのデザイン・シーンについて、彼は必ずしも肯定的ではない。

「展覧会で評価されることだけを目的としたデザインが外国から輸入されて、実用的なデザインが忘れられようとしている。世界中がそんな状況だということは、よくわかっているが」

作品の中で際立つハートのように、グラフィック・デザインにはもっと素直な何かが必要なのではないか。ライリッヒの作品からは、そんな思いが伝わってくる。（土田貴宏）

スロバキア
Slovak

ドゥシャン・ユネク 1943〜
知的なパロディで、巨匠の作風を表現。

Dušan Junek
●1943年生まれ。スロバキアを代表する重鎮。91年からトルナヴァ・トリエンナーレの立ち上げに尽力し、初代チェアマンを務める。

ドゥシャン・ユネクの作品は、圧倒的な楽しさと自由に溢れている。現在、彼は70歳を超えるベテランだが、この国で誰よりもクリエイティブに活躍するグラフィック・デザイナーだ。

ユネクの代表作といえば、まずポスターが挙げられるが、一方で最近は、世界中の著名デザイナーをテーマにしたアルファベット、「グラフィック・デザインのアベツェダ」シリーズにも力を注ぐ。この一連の作品群からは彼のセンスや技術はもちろん、観察眼や魅力ある人間性までもが伝わってくる。

1968年、国立新聞賞を受けたユネクは、前途有望なアーティストとして一躍注目を集める。しかし、まさにその年に〝プラハの春〟が起きた。政治的な理由によってチェコスロバキアはソ連軍に占拠され、風刺的要素の濃い絵を描いていた彼は、制作を10年間も禁止されてしまう。仕事に就くことさえ禁じられて、友人の名義で雑誌の記事を執筆するという違法な手段で、どうにか家族を養っていたという。

社会主義政権が終わりを迎える寸前の86年になって、ようやくスロバキアの首都となるブラチスラヴァで個展を開くことができたのだが、その反響は大きく、まず国内で、そしてやがて国外でも、彼の名声は高まっていった。

日本の福田繁雄やチェコのヤン・ライリッヒも彼を絶賛する。ユネクのグラフィックは、ポスターでも、CIデザインでも、人を明るい気分にさせてくれるからだ。そして、その

「オロス・イシュトヴァーン(p71参照)によるO」。トレードマークの髭に、オロス(OROSZ)の文字をあしらっている。

「アラン・フレッチャーによるF」。フレッチャーはペンタグラムの設立者で、2006年に亡くなったイギリスの巨匠。

このページはすべて「グラフィック・デザインのアベツェダ」より。2006年制作。Lはヤン・レニツァ(p95参照)がテーマ。

「永井一正によるN」。ユネクは日本のデザイナーとも多くの交流を持ち、知識も豊富。特徴の掴み方が巧みだ。

「田中一光によるT」。田中一光が1981年にデザインした、有名な日本舞踊のポスターをシンプルにアレンジしている。

「ステファン・サグマイスターによるS」。本人の筆跡そっくりの手書き文字が見事。ユネクの器用さが表れている。

「横尾忠則によるY」。色使いやモチーフはもちろん、作品が放つ強い存在感までもがアルファベットに込められている。

「ヤン・ライリッヒ(p82参照)によるR」。ライリッヒが好んで多用するハートマークを、作品のモチーフにとり入れた。

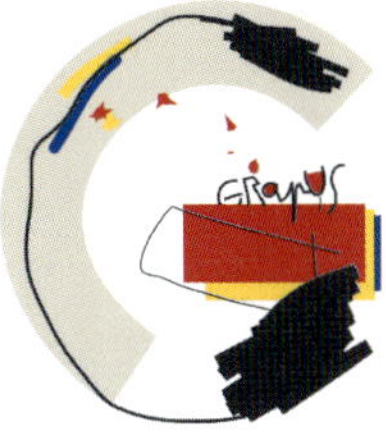

「グラピュスによるG」。フランスのデザイン・ユニット、グラピュスのメンバーはポーランドへの留学経験もある。

明るさが、実は知的な考察と一体になっているところに深さがある。

新境地である「グラフィック・デザインのアベツェダ」は、ユネクが知り合ったデザイナーのイニシャルを、彼らの作風ごとに大胆にアレンジしたものだ。87ページに挙げたのは、ほんの一部である。右上はポーランドのポスター界の代表格、ヤン・レニツァ。その下はニューヨークで活躍するステファン・サグマイスター。その他にも、日本のデザイナーでは永井一正、田中一光、横尾忠則などがある。

「このプロジェクトがいつ終わるかはわからない。シリーズに加えたいデザイナーが、まだたくさんいるからね」とエネルギッシュに語るユネク。そんな彼の性格も、個々のアルファベットの力強さとなって表現されている。

チェコでは26年にカレル・タイゲが、やはり『アベツェダ』という名の革新的な詩集で自分の信念を形にした。数十年の時を超えてユネクがやっていることも、身近なアルファベットを題材とした、未来へ向けての強いメッセージなのだろう。

（土田貴宏）

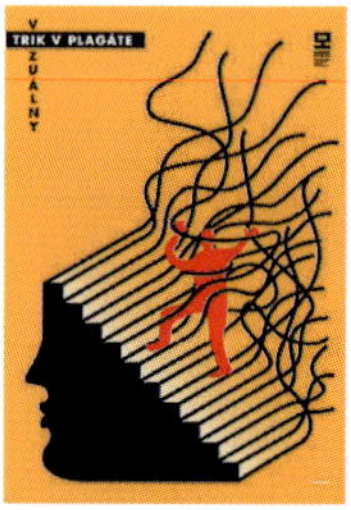

「ポスターにおける視覚トリックNo.1」。顔、階段、髪の毛へとつながっていく感じが幻想的。2003年。

「ポスターにおける視覚トリックNo.2」。ロール状の紙のモチーフは、ユネクのトレードマーク。2003年。

Henryk Tomaszewski

●1914年ポーランド、ワルシャワ生まれ。ワルシャワ美術大学を39年に卒業後、52年からワルシャワ美術大学で教鞭を執る。92年には日本でも個展を開催した。2005年死去。

ポーランド
Poland

ヘンリク・トマシェフスキ 1914〜2005

温かな筆致に、無垢な美しさが宿る。

ポーランド映画『明るい畝』のポスター。田舎の若い教師が自力で学校と集会所を建てたが、農民から搾取する悪党たちがそれを破壊してしまうというストーリー。光と影の対比が巧みだ。1947年。

「ポーランド派の父」。現在も多くの人々が、最大限のリスペクトを込めてヘンリク・トマシェフスキをそう呼ぶ。20世紀後半に花開いた国際的なポスター文化の中でも、際立って輝いていたポーランド派。それを作り上げた第一人者が、トマシェフスキだった。

簡潔にして大胆、ビビッドな色合いや構図を自在に操り、たっぷりの叙情と物語性を漂わせる。それがトマシェフスキのスタイルだ。たとえばポーランド映画『明るい畝』のポスター。この作品では、街灯に照らされた画面右の大部分を白く残し、1枚のポスターの中に強いコントラストを生み出した。牧歌的なのどかさと、人物に象徴される緊張感が、ほぼ4色だけで完璧に描かれている。

第二次世界大戦後、ポスターは世界中で、

デザインとアートを結びつける文化として確立されていった。なかでも特に強い個性を獲得していたのが、〝ポーランド派〟と呼ばれるデザイナーたちである。ポーランドでは戦後に社会主義政権が誕生し、ポスターはそれまでに培われた豊かな伝統から、切り離されてしまう。クライアントが国家と結びついた機関に限定され、グラフィック・デザインが啓蒙の道具と見なされるようになったのだ。ポーランド派とは、そういった状況が徐々に変わりつつあった1950年代中頃から、この国で活躍したポスター作家の総称である。

トマシェフスキは、ポーランド派という言葉がまだなかった40年代から世界的に注目を集めた、数少ないポスター作家のひとり。『明るい畝』のポスターを発表したのは47年。モチーフとなったのは、ポーランドで戦後初めて作られた社会主義リアリズム映画だ。しかし、このデザインは特定の思想の影を感じさせない。その後に生まれる、ポーランド派そのものといっていい、芸術的なイマジネーションに満ち溢れているではないか。翌年、彼はウィーンで開催された国際ポスター展に入賞し、ポーランドのポスターの質の高さを世界に知らせることになった。

続く48〜55年までは、ポーランド政府がアーティストやデザイナーの表現に対して最も厳しい態度をとった時代。トマシェフスキは52年からワルシャワ美術大学でポスター・デザインの講義を始め、4年後にはグラフィック科の教授になっているが、これも彼が自由な空気を求めた結果と考えられる。指導する立場になったトマシェフスキは、学生に非常に高いレベルを要求し、生徒から「トマシェフスキの教室に入るのは困難だが、そこからいなくなることは、実にたやすい」と言われるほどだった。それでも彼のもとからは、ともにポーランド派と呼ばれることになるポスター作家が数多く巣立っていく。そして彼自身、教育活動と並行して、その後に代表作と

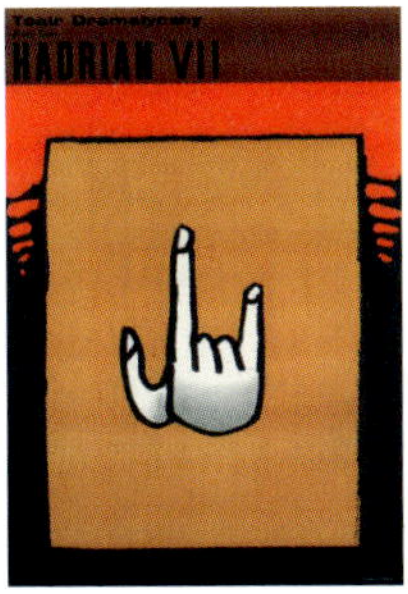

演劇『ハドリアヌス7世』のポスター。シンプルな手のグラフィックが力強く主張する。1969年。

国際演劇フェスティバルのポスターで、劇場入り口の掲示用に作られたもの。トマシェフスキは好んで手書きの文字を多用した。たばこのパッケージのようにも見える。1975年。

演劇『セチュアンの善人』のポスター。切り絵風のテクニックで、ハートとフクロウを表現。1956年。

呼ばれることになる傑作を、この時期以降に数多く生み出しているのだ。

　彼のポスターは、デザインというよりも絵画に近い。52年の『ハリウッドのカルメン』というドイツの人形映画のポスターでは、ピカソやマティスを思わせる動物の絵と、デフォルメされた女性が大きなインパクトを放つ。映画のテーマと関連して、背景には堂々と星条旗を描いた。当時としては勇気のあるデザインだったことだろう。

　また53年のソ連映画『検察官』では、白地に男性を大きく描いている。筆致はどこかフランスのレイモン・サヴィニャックのよう。ディテールのすべてに絵心が表れているのが見逃せない。

　60年代になると、作風はいっそうシンプルになってくる。69年作の『ハドリアヌス7世』や62年作の『ハムレット』といった演劇のポスターは、その代表的なもの。単純化されたシンボルが、物語の深さを静かに暗示する。彼は、演劇の中の象徴的なシーンを切り取ってわかりやすく表現するのではなく、ポスターを見る人々の知性や感性に訴えかけるのだ。このあたりがアメリカや西ヨーロッパの広告ポスターとは大きく違う。社会主義の中では、映画や演劇のポスターは一種の予告編のようなもので、広告目的ではなかった。しかし裏を返せば、デザイナーが自由に活動できるフィールドだったともいえるのだ。

トマシェフスキの作風は、ポーランド派全体の特徴と重なるところが多い。スイスやドイツのように秩序正しいタイポグラフィは使わず、絵画的で、エモーショナルだ。また色使いやモチーフもけして地味ではない。ここに民族的なセンスを見ることもできる。ポーランド派は、同時代に活躍したポスター作家の総称ゆえ、作風を一括りにはできないが、トマシェフスキの影響を受けていないデザイナーはいなかった。

「《ポーランド的なもの》＝トマシェフスキ的なものから解放されたいと私は願っていた」と、彼とともにポーランド派を代表するポスター作家のヤン・レニツァは述べている。作風に変遷はあっても、これらの作品に共通する感覚は、突き詰めればポーランド人の心のありようなのだろう。大袈裟でも華やかでもないが、無垢な美しさがあり、温かいドラマがある。

その表現はあまりに純粋だ。だからこそ当時と変わらない感動を、彼のポスターは呼び起こすのだ。

（土田貴宏）

Film Poster
映画ポスター

ドイツ映画『線路に落ちる影』のポスター。線路と人のシルエットを一体化し、ミステリアスな雰囲気を演出している。1951年。

ドイツの人形映画『ハリウッドのカルメン』のポスター。星条旗を縦に使い、彼の作品の中でも特に明るい雰囲気で表現した。1952年。

チェコ映画『翼のない男たち』のポスター。ショッキングなモチーフが印象的だ。映画は46年カンヌ国際映画祭パルム・ドール受賞作。1947年。

フランス映画『脂肪の塊』のポスター。48年のウィーンの国際ポスター展で入賞したトマシェフスキの5作品のひとつ。1947年。

ソ連映画『検察官』のポスター。映画とは別に、ポーランド駐留のソ連役人への批判をデザインに込めたとされる。1953年。

Theater Poster
演劇ポスター

オペラ『マネキン』のポスター。80年代のトマシェフスキは、こういった子どもの絵のような不定形のモチーフをたびたび使った。1985年。

「国際人形劇連盟50周年」を記念したポスター。人形の足と椅子を単純化してグラフィックに。題材の本質を見抜く視線の鋭さを感じさせる。色使いがいかにも彼らしい。1978年。

演劇『ハムレット』のポスター。シェークスピアの名作も、彼流にテーマを解釈すると、こんなモダンなグラフィックに。1962年。

演劇『授業、禿の女歌手』のポスター。シンプルなグラフィックが作品のイメージを広げてくれる、当時のトマシェフスキの典型的ともいえるデザインだ。1966年。

演劇『婚礼』のポスター。この作品はポーランドでの終戦直後、街中に初めて現れたポスターだと言われている。１９４４年。

ポーランド
Poland

ヤン・レニツァ 1928～2001
紙上で脈打つような、生命力を感じる。

ポーランド派のポスター作家、ヤン・レニツァの描く作品からは、脈打つような生命力が感じられる。ときにアウトサイダー・アートのように、ときにジャズ・インプロビゼーションのように、彼の表現は日常を突き抜けているのだ。

ヴィヴァルディの『勝利のユディータ』のポスターは、レニツァの作品の中でも特に荒々しいイメージが印象的だ。冒頭で「武器、絶叫、復讐、恐怖」と合唱が入るこのオラトリオは、ヴェネツィアとトルコ人との戦争がテーマ。レニツァ独特の黒い線がうねり、嵐で乱れた髪のようなフォルムを形作る。そこに目や剣が一体となって、ひとつのグラフィックに昇華している。

レニツァのポスターは、猛々しいイメージのものばかりではない。「ポーランド映画の100年」のポスターでは、重厚な色合いの中にコミカルさが盛り込まれている。頭の中の有象無象の思いが、機材によってビジュアルと言葉に変換されていく様子を擬人化した。自分でもアニメーション映画を数多く手がけたレニツァらしい発想だ。

彼は、正式な絵画の勉強を受けたことがない。文化的な家庭に育ったレニツァは、中等音楽学校でピアノを学び、大学では建築を学んだ経歴の持ち主。一方で、絵の才能は10代の頃から高く評価されており、50年代にはポーランド派ポスター作家の巨匠、ヘンリク・トマシェフスキのアシスタントも務めている。彼の中には、このように多彩なカルチャーのエッセンスがあるが、なかでも音楽について

Jan Lenica

●1928年生まれ。52年までワルシャワ工科大学で建築を学び、在学中の50年からポスターを制作。トマシェフスキ後の世代として、ポーランド派の代表的作家となった。2001年死去。

の感度の高さには、目を見張るものがある。「ポスター芸術はジャズに近づいている」と彼は生前に述べている。他人が作った映画などの題材を自分流に〝演奏〟する才能が、ポスター作家には不可欠だと考えたのだ。確かにレニツァの作品には、楽器の音色のように空間を満たすオーラがある。グラフィックを構造体としてとらえた同時代のスイスやドイツのデザイナーとは、このあたりの感覚がまるで違う。

1957年から、彼はポスターなどの活動と並行して、アニメーション映画を作り始めた。そしてグラフィックで追求していたことを、時間の流れのある世界で試みるようになる。ただし実験的な要素が色濃かったことが、ポーランド当局からは快く思われなかった。63年にパリに移住して創作を続けたのには、そんな背景がある。

しかし彼は、自身をポーランドの作家として強く意識し続けていた。生涯にわたって、ポーランド派ならではの魂のこもった作品を作り続けたことが、その最大の証である。

（土田貴宏）

演劇『悪霊』のポスター。原作はドストエフスキー。モノトーンと重い筆致が不気味さを際立たせている。1971年。

展覧会「ポーランド映画の１００年」のポスター。レニツァは横向きの上半身を描いたポスターを、数多く手がけた。１９９５年。

中国映画『六号門』のポスター。こういった構図はレニツァには珍しいが、そのタッチは彼ならでは。1954年。

オラトリオ『勝利のユディータ』のポスター。ヴェネツィア出身のヴィヴァルディが、愛国的な立場からヴェネツィアとトルコ人との戦争を描いた楽曲を、レニツァは得意の黒を使って表現。1962年。

「第6回全国および第3回国際短編映画祭」のポスター。黒い線を使いつつ、親しみやすいデザインに仕上げた。1966年。

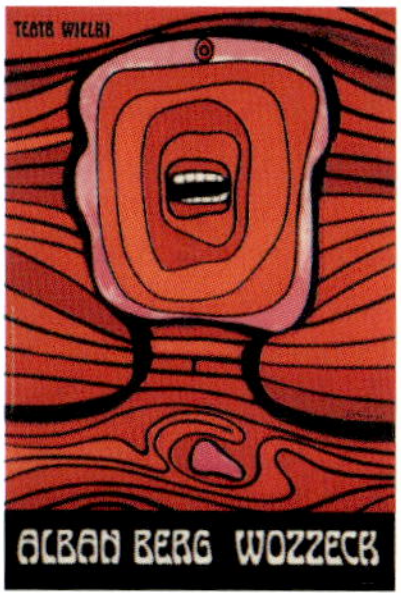

オペラ『ヴォツェック』のポスター。彼の最も有名な作品のひとつ。有機的な線にはアールヌーボーの影響も。1964年。

映画ポスターは、ポーランドが凄い。

ほとんどの場合、そこには主演俳優の写真もキャッチコピーもない。イマジネーション豊かなグラフィックそのものが、見るものを本能的に惹きつける。ハリウッド映画のコマーシャリズムとは根本的に趣を異にするのが、ポーランドの映画ポスターだ。

この国のアートシーンは、常に侵略と戦争の歴史にもまれてきた。だが、国民性ともいえる反骨精神は途絶えることなく、いくたびも潰されてきた芸術の芽が第二次大戦後に一気に花開く。ポーランド派と呼ばれる映画のムーブメントはその代表格だ。共産国家が誕生し、映画の配給権は国が一括することとなる。

映画ポスターへの規制は厳しかったのかと思いきや、事実はまったく逆だった。配給会社の注文や拘束から解き放ったばかりか、国家はポスターを芸術的表現の場として積極的に支援する。その背景には、企業の広告がほとんど必要ないという社会主義体制下で、デザイナーの活躍する場がごく限られていた状況がある。彼らは檜舞台を目指してコンペでしのぎを削り、ポーランドの映画ポスターをアートの高みに押し上げた。

アーティストの純粋な感性の結晶である作品は、ときにB級映画も一級品に見せるほど、映画を超えた輝きを見せたのである。

（高瀬由紀子）

ジェーン・フォンダ主演『おかしな泥棒・ディック&ジェーン』。

中世のイギリスが舞台の『1000日のアン』。どぎついシーンを軽い線で。

70年代チェコのミステリー映画は、ポップなタッチのグラフィック。

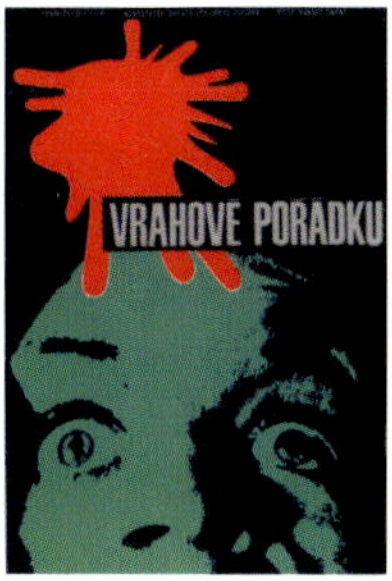

これも70年代チェコのミステリー映画。見開いた眼と血が。

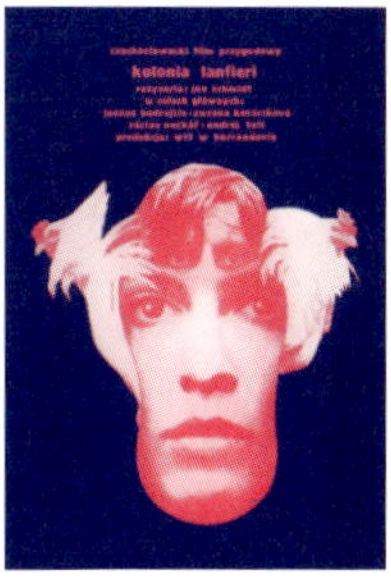

こちらは70年代ポーランドのミステリー映画。顔の両わきにニワトリ?

60年代フランスのラブ・ロマンスは、ちょっとサイケな雰囲気も。

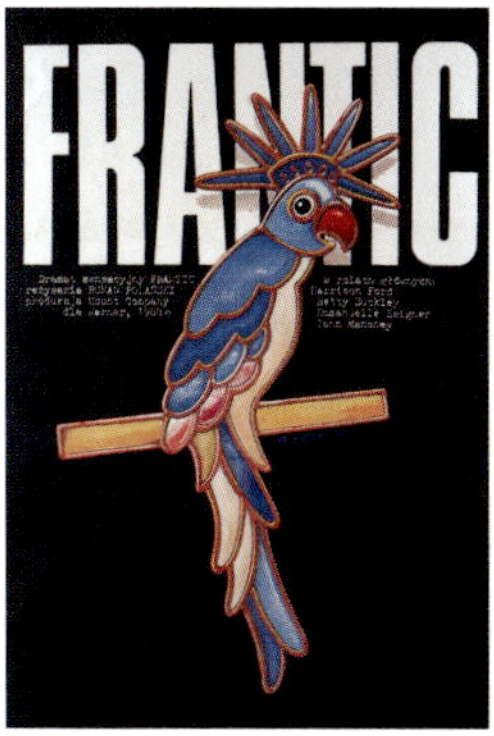

ハリソン・フォード主演『フランティック』。パリの街はどこへ?

ジェーン・バーキン主演『おかしなおかしな高校教師』。

デヴィッド・リンチ監督『ブルーベルベット』。マイクのコードに注目。

時代の熱を帯びた、力強いレコード・ジャケット

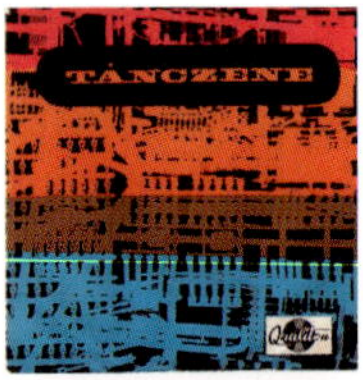

イラストとタイポグラフィのみの素朴なデザインながらも、ホットな色使いとリズム感溢れる構図が、見る者の心を躍らせる。これらはすべて、1965～69年にハンガリーの国営音楽レーベル「Qualiton（クアリトン）」からリリースされたレコード・ジャケットだ。

この時代、表面的には共産主義を唱えつつも、スターリン体制からの自由化をゆっくりと推し進めていたハンガリー。西側との扉が開かれるにつれ、新しい文化も徐々に流入し始めていた。旅行者が持ち込んだ外国のレコードや、国境近くで偶然受信する、隣国のラジオ局から流れる最新の音楽。国内最大のリゾート地、バラトン湖のクラブで見かける、新しいダンスとステップ。クアリトンは、こうしたカルチャーを求める若者のニーズに応え、国産ポップスのリリースを開始した。

当時のハンガリーでは、レコードプレーヤーを所有する家は少なく、音楽はラジオ、あるいは盛り場のジュークボックスで聴くものだった。従って、こうしたレコードも大半がジュークボックス用に買い求められたという。中身は、主にスタジオ・ミュージシャンによる、西側のロックやポップスを模倣した音楽。ジャケットの文字は、「Tánc（ダンス）」もしくは

「Tánczene（ダンス・ミュージック）」と、ひと括りにされているものが多い。アーティストはわからず、曲名すら記されない場合がほとんどといったありさまだ。つまり、ジャケットの文字情報が証明するのは、「これは最新の音楽ですよ」ということだけ。人々は、それ以外の情報をデザインから読み取り、音を推測して手に取っていたのだ。

　ギターが描かれているものは、ビートルズのようなサウンドだろうか？ 女の顔が「Tanc」と囁く一枚は、ウィスパーボイスなフレンチポップ系かもしれない。ビジュアルから音のイメージを膨らませる高揚感は、純粋なるジャケ買いが成立していた、この時代特有のもの。デザイナー名は表に出なくとも、グラフィックと音がフェアにやりとりする、ハンガリーの60年代。これらのレコード・ジャケットが、いま見てもパワフルで新鮮に映るのは、そんな〝時代の熱〟が宿っているからなのだろう。

（鈴木文恵＆ボブ・コーエン）

再評価したいレトロな広告、カードカレンダー

財布やポケットに納まるサイズの、トランプにも似たカードの数々。表には企業の広告が描かれ、裏は翌年のカレンダーが縦書きでデザインされている。これらは、年末になるとハンガリーで本屋のレジなどに置かれていた、テイクフリーのカード・カレンダーだ。

「社会主義時代のコマーシャル・アートを忘れてしまおうとするハンガリー人も多いけれど、僕ら若者の中にはむしろ、レトロ・デザインにトレンドを見始める動きもあるんだ」

そう語るのは、コレクターで広告業界で働くホッローディ・ゲルゲイ。彼のコレクションは、どれも１９６０～70年代のデザインである。89年に国が民主化を遂げて以降、ハンガリーの広告イメージの大半を形作るのは、外国から流入してきた新しい感性。彼も当然、西側の文化に刺激を受けてきたひとりだ。

「だからこそ、いまの広告とはかけ離れたところにある昔の国産広告に、ノスタルジックな美しさを感じる。こうしたカードだって、改めて掘り返してみれば、ハンガリー独自のコマーシャル・アートを物語るロゼッタ・ストーンにもなり得ると思うんだ」

Hollodi Gergely
ホッローディ・ゲルゲイ

●ハンガリーのレトロなグラフィックに興味を持ち、カード・カレンダーやレコードなどを収集。自身のコレクションをまとめたカタログ『Retro-repro』シリーズを出版。

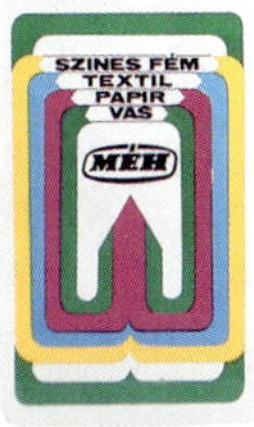

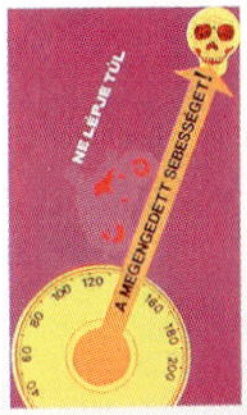

カード・カレンダーは、企業や団体が年に一度、その時代の気分とメッセージを小さなスペースに盛り込んで作った、数少ない自由な広告媒体だった。発行する企業も多種多様。たとえば右ページの、フィルムから花束が飛び出ている絵は、73年に映画会社が配付したもの。このページの右列の一番下、赤と黄色の丸がふたつ並んだカードは、信号に手をかざし、車をストップさせているところに、ハンガリー語で「進入禁止！」の文字。つまり、交通安全の啓発を目的に作られたカード・カレンダーだ。

簡潔なメッセージが添えられた、ポップなグラフィック。けして著名な芸術家の仕事ではないが、カード・カレンダーは、企業が市民に向けて贈った、ささやかなシーズンズ・グリーティング。ハンガリーの人々にとっては身近で、いつもポケットに忍ばせていた、小さなアートだったのだ。

（鈴木文恵&ボブ・コーエン）

コースターは、チェコ文化の象徴だ。

年間ひとり当たりのビール消費量が世界一の国チェコでは、「ホスポダ」と呼ばれるビアホールがどんな街にも必ずあり、地域の社交場として親しまれている。ホスポダは、人々にとって生活の一部。常連がいつも同じ時間に来て、同じ席でビールを飲むのがお決まりの光景だ。

Letter
手紙

プルゼニのビール博物館に収蔵されている、1970〜80年代のコースター。酒場でコースターの裏をメモ代わりにすることは多いが、切手を貼って投函すれば配達されてしまうのは、チェコならでは!? 罫線があらかじめ印刷されたものも作られていた。

そんな酒場に必ず置いてあるのが、紙製のビールのコースター。これが実に種類豊富で、行く先々の店で違ったデザインに出会えるほど。ロゴや図柄がバランスよく描かれ、パッと目を引く色使い。自宅に持ち帰る人も少なくない。

チェコでは、昔は陶器のコースターが一般的だったという。しかし、高価だったり、ジョッキからこぼれたビールを吸い込まず、衣服を汚してしまうといった不便さもあり、次第に姿を消すことに。1960年代には、ここに並んでいるような紙製のコースターが、広く普及することとなった。

現在は、ビール醸造所が販促用として作るものと、レストランやホスポダなど飲食店のオリジナルがほとんど。しかし、社会主義時

Pub
酒場

オリジナル・コースターを作る酒場もいまは少なくなった。左下はチェコで人気のキャラクター、兵士シュヴェイクがモチーフ。この小説の作者が常連客だったのだとか。右上は、文化人や政治家が通ったことで知られるプラハの老舗「黄金の虎」のもの。

Brewery
醸造所

醸造所の販促用コースター。上は「プルゼンスキー・プラズドロイ」のもので、封印を象った形がユニークだ。ロゴやトレードマークのほか、醸造所の建物を描いたデザインも多い。中央右や下段中央は、1色印刷で品格が表現されている。

代には、政党や組合の主導のもと、食品メーカーなど多くの企業が、広告手段として紙製のコースターを制作していたという。

面白いのは、右ページのように、はがき代わりにも使われていたこと。表は企業の広告で裏が余白、あるいは親切に、アドレス用の罫線が引かれたものも存在した。酒場でふと誰かに手紙を書きたくなる心境は、いつの世も同じ。三目《さんもく》並べやクロスワードパズルが印刷されたコースターも出回っていたという。

醸造所や酒場のオリジナル・デザインは、屋号や銘柄をわかりやすくタイポ化し、図柄で地域性やキャラクターを伝えるというシンプルさが特徴だ。少ない予算で印刷したコースターを、馴染み客が、毎日ボロボロになるまで使い続ける。店の主人がほろ酔いで考えたような呑気な図案や、かすれた刷りムラもご愛嬌。酒場が日常の社交場であるチェコだからこそ、身近に楽しめるデザインとして愛されたのだ。

（土田貴宏）

●Collection of Pivovarské muzeum v Plzni,Národní zemědělské muzeum Praha, Roman Kříž

広告の機能を果たした、東ドイツのマッチラベル

マッチラベルというと同じく共産圏のチェコが有名だが、東ドイツも負けていない。文化や当時の社会状況、政治的なイデオロギーまでが垣間見える、3・5㎝×5㎝の世界だ。

Export
輸出

マッチラベルは西、東に限らず1950～60年代には貴重な広告媒体であった。といっても東ドイツでは商業広告的なものは、コンズーム（旧東ドイツの商店チェーン）やインターフルク（旧東ドイツ国営航空会社）などをのぞいてほとんどなく、特に50年代には社会主義体制を国民に広め、作り上げるためのものが多かったのだが……。

これらのマッチが作られていたのはライプツィヒとドレスデンの中間地点にあるザクセン州の小都市、リーザ。第2次世界大戦前から点火装置製造の伝統を持つこの街では、マッチに限らず花火やクラッカー、爆竹なども作られていた。いまも街にはほそぼそとマッチなどを販売する会社が生き残っている。

蚤の市などで「東ドイツもの」として売られ

Hauptstadt der DDR
東ドイツの首都ベルリン

ているマッチラベルを見ていくと、英語やフランス語、アラビア語などが書かれたものが交じっているのに気づく。微妙に似ていないポパイが描かれた英語のラベル。月夜の猫の逢い引きを描いたロマンチック?なものにはフランス語で「安全マッチ」の文字が。輸出用に作られていたマッチである。製造国名がなくても、小さな「R」の文字がリーザ製をそっと主張する。いったいどの国へ渡って行ったのだろうか……。中東で唯一共産主義国だったイエメンのモチーフがあるのも興味深い。

輸出用が南国風のエキゾチックなモチーフなら、国内向けのものに圧倒的に多いのが、「首都」シリーズである。1950年代後期から街の中心は「社会主義的に模様替え」された。「ベルリンを体験しよう!」というスローガンが踊る真っ赤なラベルには1961年、整備されたばかりの目抜き通りにあるスターリンゴシック建築をレイアウト。いまやユネスコの世界遺産に指定された博物館島や、ブ

Besucht Berlin
ベルリン訪問

ランデンブルク門といった観光名所も。

次々と作られたこの「東ドイツの首都、ベルリン」シリーズだが、１９６９年は公園や市民プールなどが紹介されている。ネタ切れだったのだろうか？　しかし身近な風景だけに、逆に街の空気感が伝わってくるようで楽しい。淡い色使いも美しい秀逸なデザインだ。ラベルを見ているだけで当時のベルリンを観光しているような気分になれる。

社会主義とスポーツ、そして交通安全。

また、切手などでもよく見かける定番のモチーフが「スポーツ」だ。社会主義的な人格形成を育むために重要とされたスポーツ。特に世界に国力をアピールする場としてオリンピックへは力を入れていた。月桂冠を配したマッチラベルは、１９５４年から１９８７年にかけてライプツィヒで開催されたスポーツフェストを宣伝するもの。どこかメダルを思わせるデザインだ。オリンピック団体への援助を募るものは、１９６８年の発行。メキシコ大会に向けたものだったのか、同様のポスターも残されている。

いかにもマッチラベルという媒体にふさわしい公共広告が「火の用心」そして「交通安全」をうながすものだ。たばことアルコールは切っても切れない関係。「飲んだら乗るな」的な標語も多く見られる。事故という深刻なテー

Sport
スポーツ

Verkehrssicherheit
交通安全

Olympiaförderung
オリンピック援助

マを扱うからか、あえてかわいらしいタッチの絵柄が採用されているが、よく見ると死神らしき人物が車を後ろから押していたり、手招きをしていたり。油断大敵、一寸先は闇、だ。

二つのルフトハンザ？ 東ドイツの航空会社の歴史

最後は「旅」をテーマにしたシリーズを楽しんでみよう。ベルリンの壁が倒れるきっかけとなったのは旅行の自由化を求める運動だったが、自由がないからこそ、異国への憧れは強かった。ブルガリアやハンガリーなど、共産圏の東欧諸国への旅心をくすぐるのが、ルフトハンザのマッチラベルだ。

各地の名所と民族衣装姿のイラストがセットになったものや、「イリューシン18は、ヴァカンスを長くする」などと、切り紙風のイラストでインパクトたっぷりに旅客機や空港を宣伝するものなど……多様なデザインが存在した。あれ、ルフトハンザは西側の航空会社だったのでは？と疑問に思った方もいるだろう。実はルフトハンザは１９５５年から西ドイツと東ドイツの両方に存在していたのだ。ロゴも同じ、名前も同じで混乱を招くという理由から、63年に国営航空会社インターフルクに統合された。

同じく「ミトローパ」こと「中央ヨーロッパ寝台・食堂車株式会社」も東と西に分かれ発展し、統一後も生き残った会社である。東ドイツではサービスエリアの食堂などもミトローパであった。印象的なロゴの食器はいまも蚤の市でよく見つかり、人気だ。

どのラベルもざらりとして、つやつやした西ドイツのものとはまったく違う。箱を手にマッチを擦る。そんな何気ない動作さえ、東と西の手は異なる感触を覚えているのだ。デザインもそうだが、その手触りにこそ東ドイツの日常が詰まっているのかもしれない。

（河内秀子）

Lufthansa
ルフトハンザ

MITROPA
ミトローパ

Interflug
インターフルク

チャペックの装丁は、病みつきになる。

子どもが壁に落書きしたような星や花。手の柔らかさが残るタイポグラフィ。斜めに伸びる大胆な線からは、素朴で有機的なチェコ・キュビスムの趣も伝わってくる。それらの装丁デザインはどれも、ストーリーがわき出る泉へと静かに誘ってくれるものだ。

チェコの画家、ヨゼフ・チャペック。彼は、ロボットという言葉を世の中に広めた戯曲『R.U.R.』や、子犬ダーシェンカの話を記したチェコの国民的作家、カレル・チャペックの兄でもある。

ヨゼフは1913年にキュビスム絵画を発表するなど、チェコ・キュビスムを牽引した画家だった。それより以前にも、まだ中学生だった弟のカレルと「チャペック兄弟」の名ですでに文壇デビューも果たしている。

その彼が初めて装丁を手がけたカレルの本、『盗賊』が世に出たのは1920年のこと。画家の彼が装丁に関わったのは「まったくの偶然だった」のだが、23歳のときに訪れたパリが、あるきっかけとなっているのは間違いない。

初めて訪れたパリの街角で彼は、廉価版の、大量に刷られた本を目にする。「豪華で高価な愛蔵版には喜びを感じたことはない。それらを手にとるとき、自分のための本ではないと感じていた」という彼にとって、質素ながらも心に響く本との出会いはまさに運命的なものだった。そのときの気持ちを彼は後にこう記している。

「これだ！　これこそ私にぴったりじゃないか」

『解き放たれた言葉』第2版。イタリア未来派、F・T・マリネッティの代表作。1922年。

『惨めな人生よ、それでも汝を愛す』初版。F・シュラーメク著。1924年。

1924年に出版された『イギリス便り』の第2版。K・チャペック著。1925年。

『クラチカット』第2版。K・チャペック著。1924年。タイトル自身をデザイン化したモダンさ。

『都市と歳月』初版。K・フェージン。1926年。リノカットならではの大胆な線。

『泣いているサテュロス』初版。チェコの詩人であり、作家であるF・シュラーメク著。

『多くの名をもつ国』初版。ヨゼフが単独で記した戯曲第1作。1923年。

『3つの対話』初版、フランスの作家であり、詩人であるG・デュアメル著。1921年。

『盗賊』第2版。K・チャペック著。1922年。彫刻刀の味わいがある。

ヨゼフの表紙は彫刻刀でつくられる。彼が用いた技法はリノカット。リノカットは第一次世界大戦後のチェコで彫る素材が不足しているという理由からも用いられていたのだが、彼は、コルクの粉末を固めてつくられる柔らかいリノリウムを彫るこの手法を、とても気に入っていた。

「最初のためし刷りでその利点がわかりました。面全体を根本から支配し、一気に大きな枠どりで分割し、着色することができるのです」

　かくして、表紙の全面を大胆に用いたデザインが次々と生み出されていくことに。しかしリノリウムは摩耗しやすく、刷れる枚数に限界がある。そこでヨゼフは、2000部以上が刷られるベストセラーのために、同じ表紙をもう一度彫っていた。几帳面な、そして、自分の仕事を愛する彼らしい一面だ。

　本の表紙には具体的な情報とファンタジーの両方が必要だというのがヨゼフの考えだった。「内容をすべて汲みつくせない」、イマジネーション豊かな世界が大切なのです、と。色数を多く使っているわけではないのだが、素朴で、心を満たしてくれる生命感。それが現代の私たちに、新鮮な驚きを与えてくれる。

　ドイツではファシズムが台頭し、不穏な空気に包まれる直前のチェコで、ヨゼフの表紙は野に咲く花のように、ささやかながらも汲みつくせない魅力をたたえつつ生まれ出た。その輝きは、いまもなお色褪せていない。

（川上典李子）

『無銭旅行』初版。A・C・ノルによる旅のエッセイ集。1927年。道のデザインに旅のイメージが。

『春のさすらい人』。F・シュラーメク著。1927年。2色なのに豊かな色を感じる。

『ドッペルゲンガーと夢』初版。F・クプカ著。1926年。派手さはないが、粋な色合い。

『路線番No.47』初版。J・コプタ。1926年。ヨゼフの表紙は動きさえ感じる。

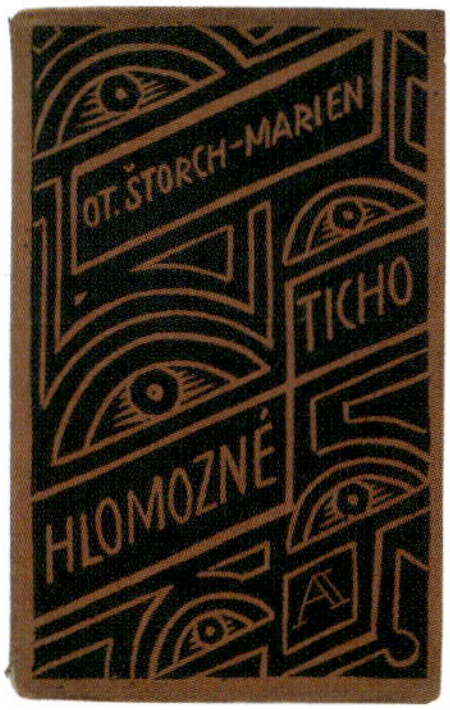

『騒がしい静寂、その他の話』初版。O・シュトルフ=マリエン著。1920年。

『小さな女の子』初版。チャペックの姉、チャプコヴァーの本。1920年。

『言葉の批評』初版。K・チャペック著。1920年。辛口の批評集ということで、ノコギリが。

『淀んだ波止場』初版、P・マッコルラン著。1927年。パイプやサイコロが内容をほのめかす。

『バグダッドからの盗賊』初版。K・ビーブル著。1925年。まるでモザイク画のようなデザイン。

『発見』初版。C・ヴィルドラックの短編と戯曲。1923年。なんと斬新な構図だろう。

『人々と物たちの劇』初版。1927年。J・コプタ著。目に飛び込む強い存在感。

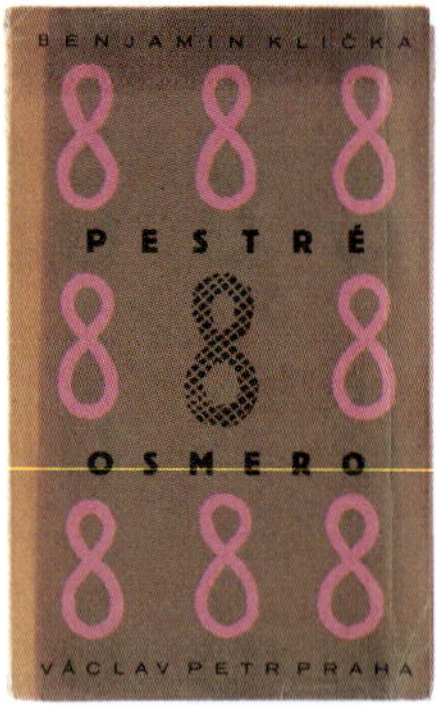

『色とりどりの8篇』。チェコの医師であり、作家であるB・クリチカ著の短編集。1928年。

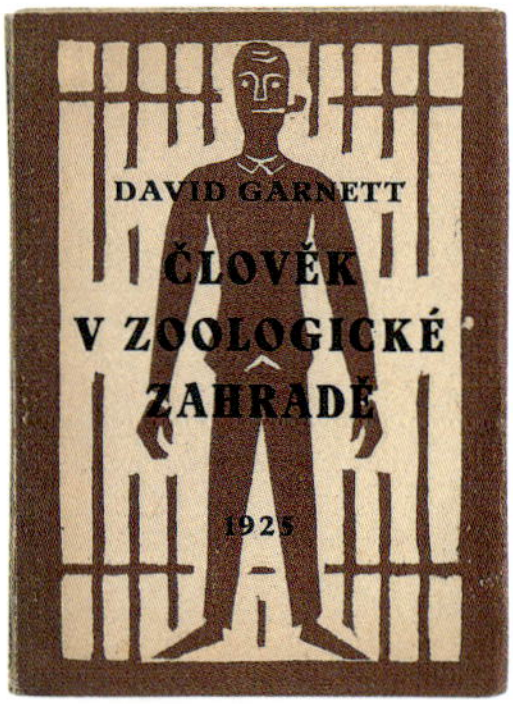

『動物園の男』初版。D・ガーネット著のこの本では、同一デザインで色違いも。1927年。

『R.U.R.(ロボット)』第2版。K・チャペックのベストセラー本。1921年。手彫りの味ある線。

『赤毛のハンラハン物語』初版。W・B・イェーツ著。1926年。タイポグラフィの強さ。

『マクロプロス事件』初版。K・チャペック著。1922年。 不老不死に関する戯曲。

『イタリア便り』第3版。K・チャペックの旅行記。1925年。南国の旅をイメージしたデザイン。

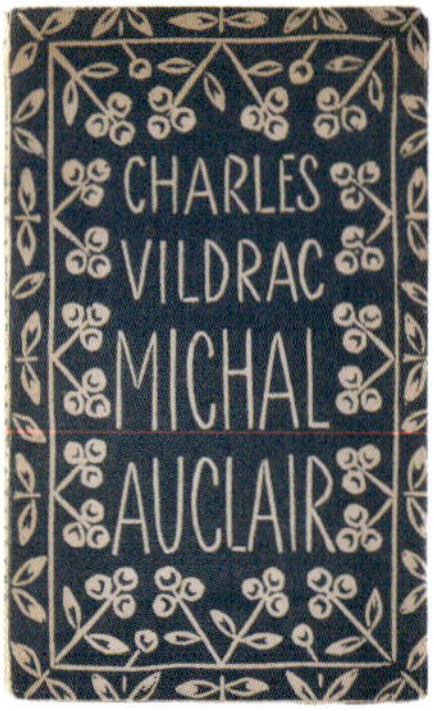

『ミカエル・オクレール』初版。フランスの作家、C・ヴィルドラック。1922年。

いまなお現役、ロシア・東欧の乗り物たち

伝説の名車、タトラを知っていますか？

1936年、チェコのタトラ社が発表した市販モデル「タトラT87」は驚くべき性能とデザインを備えていた。リアに置かれた2968ccの空冷V8エンジンは、75馬力で後輪駆動。最高速160km／hを実現した。そして流線型ボディの飛び抜けた美しさ。36年といえばポルシェやミニが誕生する10年以上も前の話である。

クルマを設計したのは、ハンス・レドヴィンカというオーストリア出身のエンジニア。一度退社したレドヴィンカは18年、タトラに復帰。23年には、一般向けの乗用車T11を誕生させる。乗用車やトラックを開発するのと同時に、Y字フレームのシャーシやチューブフレームにドライブシャフトを通した「バックボーン・フレーム」など画期的な技術を発明し、数多くの特許を取得する。これらの技術は、その後50年以上もさまざまなクルマやトラックに採用されるほど斬新なものだった。

34年、レドヴィンカは乗用車のプロトタイプT77を発表する。Y字フレームに空冷リアエンジンの後輪駆動。38年発表のフォルクスワーゲン・ビートルそっくりだ。このT77を改良したのが、タトラT87だった。

ドイツのアウトバーンはまだ計画段階だったが、その完成を見越したレドヴィンカは乗用車の高速化を重要視。そのためボディデザインにこだわった。T87の流線型デザインは、レドヴィンカと同じウィーン生まれで、若い頃の仕事仲間でもあった航空機エンジニアのパウル・ヤーライの考案である。

飛行機の翼断面形状でボディ下部を形成、

タトラT87は1930年当時、最先端の流線型デザインを与えられた市販の4ドア・セダンだった。リアドア後方のインテークから空冷リアエンジンの冷却空気を取り入れる。まだ曲面ガラスが高価だったので、ウィンドーシールドを3分割していた。

タトラT87の元となったタトラT77。たしかにフォルクスワーゲン・ビートルに似ている。

乗用車から撤退したいまもタトラのエンブレムはトラックで見ることができる。

その上に完全流体型（＝流滴状）のボディを載せて低い空気抵抗と実用的な広い空間のボディを完成させる。

第一次世界大戦で発展した航空機の流体力学をいち早く、忠実に再現できたのはヤーライのアイデアだが、それをクルマに実現させたレドヴィンカのエンジニアリングの力も大きい。T87は凝ったボディながら1・4t以下の軽量に仕上がっている。

T87発表後、ドイツがチェコ（当時チェコスロバキア）に侵攻。第二次世界大戦へと突入し、タトラの乗用車開発は休止する。大戦後、レドヴィンカはタトラを離れ、ミュンヘンで老後を送った。

タトラ社は、現在も主にトラックを生産するメーカーとして健在だ。ただ100年以上の歴史の中で、天才設計者、レドヴィンカが在籍した時が最も輝いていた。T87は、独立を果たしたチェコが、ドイツに侵攻されるまでの20年間の集大成なのだ。

われわれは、なぜ東欧の車に魅了されるのか？

前面の円形ライト、後部のフォルムはやや尖りぎみ。これが1957年に東ドイツに登場した大衆車トラバントだ。愛らしい丸いライトは戦後の物資不足とガソリン不足の影響で開発された軽量車「バブルカー」を継承し、尖鋭フォルムはミドルクラスを匂わす。物質的、そして精神的に今後も発展を続けていく社会主義体制の中で、東ドイツ国民が貧富の差なく「総中流」となったことを象徴する車としてデビューを飾った。

ドイツ語で「衛星」を意味するトラバント(Trabant)。1957年にソ連が人類初の人工衛星打ち上げに成功したことを言祝《ことほ》いで名づけられた。しかし、「トラバント」は「衛星国」も意味する単語で、実質的にソ連の「衛星国」といえる東ドイツの実情を考えると悲しい響きを伴う。

階級闘争の果てのタイムカプセル

旧共産圏の自動車は、国営企業によって製造されていた。どこの世界でも「官」の製品は、どことなく冴えないことが多い。これは決められた予算を用い、「儲け」を求めないからだ。つまり、市場原理に基づいた競争がなく、国家が消滅しない限りは倒産もない。このような究極の官製品が、冷戦期の東欧の製品といえるだろう。

市場競争に晒されず、イノベーションも起きなかった東欧車。たとえば、トラバントは東ドイツという国が地図帳から姿を消すまで、基本的なフォルムは同じ。またイタリア

Trabant | トラバント

爆音と排気ガスをまき散らしながらも、東ドイツの風景を彩っていたトラバント。誕生から50年以上もの歳月を経ても、なお人々の話題に上り続ける、まさに戦後史を代表する自動車。

©Katsumi Takahashi

Zastava Yugo | ザスタヴァ「ユーゴ」

80年代の流行モデルである鋭角デザインのザスタヴァは、外貨獲得のための輸出品でもあった。「ユーゴスラヴィア」という社会主義連邦国家の夢が、この車に託されていた。

のフィアット社の力を借りて、1970年代にモデルチェンジを実現し、外貨を得るために輸出したザスタヴァ「ユーゴ」も性能が悪く、国際競争には勝てなかった。そんな自動車も東欧諸国の人々にとっては夢の製品だった。「走るダンボール」と揶揄されたトラバントでさえ、注文から納品まで10年以上も待たねばならなかったが、注文者は絶えなかったのである。東ドイツ出身である、あのメルケル首相も注文していたらしい。

平等な世界を目指していたはずの旧東欧圏の自動車には序列があり、GAZのチャイカといった高級車を製造するのはソ連であった。また、コメコン加盟国の公用車や警察車として使用された中級車ヴォルガもソ連製だが、これも「ソ連支配」を象徴していたといえよう。この序列については東ドイツでも同様にあり、大衆車トラバントに対して、高級・中級車といえるヴァルトブルクが存在していた。

「西」への憧れと失望を超えて「東」の逆襲？

2012年のドイツ映画で日本でも公開された『東ベルリンから来た女』は、東ドイツで不遇をかこっている女性医師バルバラが西ドイツへ亡命しようとするストーリーだ。本作には東ヨーロッパの製品が派手に出てくるわけではない。しかし、自動車が効果的に使われていた。秘密警察の乗る黒塗りのヴォルガ、同僚の医師が乗るヴァルトブルク、暢気なフォルムだが怪しく主人公に近づくトラバント、素行不良の少女を連れ去る東ドイツのバン、バルカス、そして西の代表格としてのベンツなどだ。

バルバラが西ドイツへの亡命を求めたように、東ドイツ末期の80年代の東独市民の物不足への不満と西側製品への憧れは大きかった。そのため、統一後5年程度で、700万人が西ドイツ製の自動車に買い換えたといわ

Volga | ヴォルガ

ゴーリキー自動車工場(GAZ)が誇る中級車で、ロシアの母なる川の名を冠する。その名に違わずソ連の主流輸出車で、本車はソ連の切手にも登場した。

Wartburg | ヴァルトブルク

ワーグナーのオペラ『タンホイザー』で歌合戦が行われるヴァルトブルク城のあるアイゼナハで開発され、東ドイツの高・中級車として活躍した。

GAZ Chaika | GAZ チャイカ

ゴーリキー自動車工場で製造された高級車。共産圏各国の首脳陣が、政治パレードなどで彼らの権威を示すために使用した。チャイカとはカモメの意。

Barkas｜バルカス

東ドイツ自動車工業連盟が製造していた小型バン。肉屋に偽装され、反政府運動家などの逮捕者を秘密警察のもとへ連行する際にも使用されていた。

れている。その際には、「西の自由」は平等に全東独市民には降り注がずに格差を生み出したにもかかわらず、西の自動車が「自由の象徴」としてとらえられたためだ。

この「西側世界＝資本主義への憧れ」を象徴した自動車だが、それに絶望した人々は、トラバントをはじめとする東ドイツ製品を、再び象徴化して評価しようとした。これが東（オスト）へのノスタルジー、つまり「オスタルギー（Ostalgie）」という現象である。オスタルギーは旧共産主義社会への賛美の側面からは過去の独裁体制を覆い隠す危険があるが、戦後資本主義社会の歴史への批判だとすれば、一聴に値するのではないだろうか。

　東ヨーロッパ、特に東ドイツの自動車は、「豊かさ」は量ではなく質なのだと示してくれるように思う。いや正確には質は悪かったわけだから、人生、量だけではダメだということを教えてくれているといえよう。このように「生活の質（Quality of Life）」の再考を促してくれる、それが東欧車の魅力かもしれない。

　民営化後の東欧自動車メーカーは苦戦が続いている。チェコのシュコダはフォルクスワーゲンの子会社となり、ラーダを製造してい

©Katsumi Takahashi

Škoda | シュコダ

19世紀、自動車製造を開始した老舗「シュコダ」。数々の体制転換を経験しチェコスロバキアの国営会社となり、現在はフォルクスワーゲン・グループに入っている。

Lada | ラーダ

1966年にイタリアのフィアット社との提携で創業したソ連のアフトヴァース社の代表的自動車。カザフスタン、エクアドルなどでも製造された。

るロシアのアフトヴァースもルノー・日産からの多額の融資を受ける予定だ。しかし、トラバントは新たにエコカー「トラバント nT」として復活を遂げるという。われわれの生活の質を変えてくれるような、魅力的な東欧車の出現を期待したい。

（柳原伸洋）

そのフォルムにしびれる、ロシア・東欧の車。

ポーランド自動車の製造元であるFSO(Fabryka Samochodów Osobowych, 自家用車工場の意味)は、イタリアのフィアット社と提携したブランド「ポルスキ・フィアット」を製造していた。ポーランドがカトリック大国であったためか、このイタリアとの提携は1960年代から体制転換以後も継続され、ポーランド車には70〜80年代の資本主義圏車の特徴である鋭角的なフォルムのものが多い。

中東欧最大の人口を擁する国ポーランドには、その巨大市場へ可能性を見いだす日本の自動車関連企業も増えつつある。そこに、ポーランド自動車の「伝統」を混ぜ込んでみても面白いかもしれない。

(柳原伸洋)

Romania ルーマニア

上：「ダチア（Dacia）」は1960年代にフランス・ルノー社と提携してつくられた、政府高官向けの高級車。80年代にルノーとの提携を解消するが、99年にルノー傘下に入り、現在も生産を続けている。下：「アロー（ARO）」はルーマニア陸軍の車であったが、後にSUV車「ダチア・ダスター（Dacia Duster）」となった。

Poland ポーランド

右：FSO社「ポルスキ・フィアット 125P」はイタリアの「フィアット125」のライセンス車。性能には難があったが、その安さで西側諸国にも輸出されていた。下：上から順に「ニサ（Nysa）」、「ジュック（żuk）」。前者はポーランドの南西に位置するニサ、後者はルブリンでつくられた。ともにポーランドを代表するバンであったが、後者はFSC（Fabryka Samochodów Ciężarowych）社によるソ連GAZ社とのライセンス車。

Former Soviet Union 旧ソ連

上：「モスクヴィッチ（Moskvitch）」は第二次世界大戦後にドイツのオペル社の工場を接収したため、初代はオペルのコピーだった。2002年に破産するまで生産を続けた。左上：アフトヴァース社が現在も生産する「ラーダ・ニヴァ（Lada Niva）」は、イギリスやアメリカなど西側諸国でも受け入れられた珍しい車。左下：「ザッポ」という愛称をもつ「ザポロジェッツ（Zaporozhets）」はウクライナのザポリージャを拠点としたZAZ社製。ハンガリーでの生産計画もあったが、ソ連の国力弱体化と改革で計画中止に。

世界をリードした、旧ソ連の航空産業。

Tupolev｜ツポレフ

1922年に設立されたツポレフは、現在までに約300の開発プロジェクトを立ち上げた航空機メーカー。超音速機Tu-144（通称コンコルドスキー）などが有名。

航空産業は最先端テクノロジーの集合体であり、軍事との親近性も高く、いわば「世界の覇権」と密接に結びついた産業分野といえる。当然ながら、共産主義勢のリーダーであるソ連は、航空産業に注力していた。

イリューシン、ツポレフ、ヤコブレフ、ベリエフなどの航空機設計局は、旅客機のみならず軍用機も開発し、それを世界中に輸出することで、ソ連による空の覇権を確固たるものとする。１９５０年代半ば、東ドイツが独自に航空機の開発を試みた際、ソ連はこれに介入して中止に追い込んだほど。つまり、ソ連は共産圏内の航空産業を独占しておきたかったのだ。これぞまさに、共産主義が排撃すべき資本の独占ではないか。（柳原伸洋）

Beriev | ベリエフ

水上偵察機や水陸両用機を主に製造。水上発着テクノロジーの最先端を走っていたのは、創設者ベリエフが造船技術師であったため。

Yakovlev | ヤコブレフ

ヤコブレフ設計局は、冷戦時代に軍用ヘリなどあらゆる種類の航空機の製造に着手。実は、西ドイツで採用された機体も存在する珍しい製造所。

Ilyushin | イリューシン

創設者イリューシンは、第一次世界大戦のパイロット出身の航空機デザイナー。ソ連時代の旅客機や輸送機の製造を担い、アエロフロートで多く採用された。

ゆっくりとした時間が流れる、鉄道の旅。

上・下右：武骨なつくりと愛くるしさが魅力の鉄道。下左：いまもウィーン＝プラハ間で現役活躍中の国際列車は内装がレトロ。座り心地はよくない。

職場仲間が集まって定期的に実施された鉄道旅行は、共産主義時代の重要な余暇のひとつであり、労働者同士の結束を固める機能を果たしていた。いまでもベルリンとその周辺のドイツ鉄道では、到着駅を知らせる車内アナウンスとともに、東ドイツ時代に歌われたという遠足歌のメロディーが流れ、私たちを共産主義時代に誘ってくれる。ドイツとポーランドの国境都市ゲルリッツで製造されていた二階建て車輌も職場の慰安旅行を演出していた。

また、鉄道網は共産主義体制国家の「網」を象徴しており、国際列車も数多く運行されていた。いまでも東欧各国の中央駅に行けば、スラブ文字やキリル文字などが書かれた鉄道車輌を見ることができる。（柳原伸洋）

今なお愛される、東ドイツ製バイクの魅力。

右上：エムツェット（ＭＺ）、配色バランスがよい。左上：イーヴェーエル（ＩＷＬ）、ベルリン・シリーズ。ベルリンの市章の熊が光る。右：ジムゾン「シュヴァルベ」（Simson "Schwalbe"）、最も売れた「ツバメ」シリーズ。

東ドイツのバイクは、統一後20年以上を経過したいまでも高い人気を誇る。その代表格が、国営企業ジムゾンの「シュヴァルベ」だ。「ツバメ」の名を冠したこのバイクは、2003年のドイツ映画で日本でも公開された『グッバイ、レーニン！』で主人公アレックスの愛機として登場する。

東ドイツのバイク産業は、戦前からの施設がソ連に接収、その後は統一公社への吸収、そして再独立などを経験した。バイクを製造する国営企業は「ツバメ」以外に「スズメ」、「ホシムクドリ」、「オオタカ」などのシリーズを持つジムゾン、中型車以上のバイク生産を担い、サイドカー・バイクでも知られるＭＺ、都市型のバイクを製造していたＩＷＬなどがあった。

（柳原伸洋）

共産主義圏の友好と平和の象徴、自転車。

ミーファ(MIFA)は小型自動車も製造。低重心と鮮やかなオレンジ色がまぶしい。現在もドイツの路上を彩る。

ディアマントのロゴは、赤色の子どもの顔で愛らしいデザイン。

ディアマント(Diamant)は、東ドイツの自転車産業を担った。いまなお現役走行中で、若者にも人気が高い。

ツール・ド・フランスがフランス国土の美しさを称揚し、一体性を強化する役割を果たしているのと同様に、東欧諸国では共産主義国同士の友好関係のデモンストレーションとしてツーリングが開催された。それが、ベルリン・プラハ・ワルシャワ間の約2000㎞を走行する「平和の走り」であり、冷戦終結まで「東のツール・ド・フランス」と呼ばれていた。

　また、入手まで10年以上も待たされる自動車、そして諜報員が目を光らせているかもしれない鉄道に比べて、自転車は入手しやすく、さらに「足の付きにくい」乗り物だった。その利点が活かされ、東独の反体制運動や民主化運動で活躍した。いまでも、自転車が旧東独の市民の足として愛好されているのにはワケがあったのだ。

（柳原伸洋）

モード界を牽引する
ロシア・東欧デザイン

ロシア
東欧デザイン

モード界を牽引する東欧出身デザイナーたち。
ミニマリズムと東欧の伝統の融合をみる。

東欧出身のファッション・デザイナーが2000年代に入って注目を集めつつある。冷戦の終焉後、東欧から多くの才能ある若者が西ヨーロッパの主要都市でデザインを学び、自身のコレクションを立ち上げている。1990年代のアントワープ王立芸術学院出身者やロンドンのセントマーティンズ出身のデザイナーたちのブームが一巡し、西欧以外の地域として東欧デザイナーが脚光を浴びるようになってきた。

なかでも最注目株はブルガリア出身のペーター・ペトロフだ。1977年生まれのペトロフは、ウィーン応用美術大学で研鑽を積んだ。当時の同大学の教員にはヴィクター&ロ

©Showbit/amanaimages

素材や質感にもこだわるデザインには性別を超えて、多くのファンがいる。

©Showbit/amanaimages

Petar Petrov

ペーター・ペトロフ

1977年ブルガリア出身。2007年にはレディース・コレクションもスタート。ハイカルチャーとサブカルチャーを混ぜた世界観にファンが多い。
http://petarpetrov.com

©Showbit/amanaimages

オーストリアのウィーンを拠点に活躍するペーター・ペトロフは、今最も注目される若手デザイナーの一人。

ルフや２０１３年現在、ディオールのクリエイティヴ・ディレクターを務めるラフ・シモンズがおり、ペトロフは彼らから多くを学んだ。卒業後にラフ・シモンズのもとで数年間キャリアを積んだのち、２００１年に自身のコレクションを発表、２００３年からは、パリ・メンズコレクションのプレタポルテのショーに参加。レディース・コレクションも立ち上げ、現在は世界中の都市でのファッション・ウィークの公式ショーカレンダーにペトロフは名を連ねている。

©Kristy Sparow/Getty Images

Ingrid Vlasov イングリッド・ヴラソフ

ルーマニア生まれ。イタリアの欧州デザイン学院を卒業後、1997年に自身のブランドをスタート。“Contemporary luxury”をコンセプトにフェミニンさや現代性を表現するデザインを発表している。

Sestra Moja セストラ・モジャ

1994年にスロヴァキア出身のアントニア・ウィドウソンがロンドンで設立。レースやアンティーク素材を使用したボヘミアンでロマンティックなデザインに女性ファンが多い。

Photo Harriet Thomas/Model Marianna Magnavita

ルーマニア出身で欧州デザイン学院を卒業したイングリッド・ヴラソフも、同じくパリコレの常連だ。１９９７年にデビューし、ルーマニアを代表するデザイナーである。

東欧デザイナーのファッションは、東欧の文化や芸術スタイル同様、ミニマリズムと伝統の融合が特徴だ。革新的な素材とエスニックなパターンの組み合わせ、斬新な色使いがモード界で評価を高い受け、現在でもパリ、ロンドン、ニューヨークそして東京と、世界中のセレクトショップで常時取り扱われるほど人気だ。東欧デザイナーたちの今後のさらなる活躍が、世界中から期待されている。

革靴の名職人たちの最後の楽園。

レザーシューズといえば本場は英国のジョン・ロブ・ロンドンやローマのマリーニ、パリのマサロなどの名店が頭に浮かぶ人も多いかもしれない。だが、革靴を愛する者たちに

Vass Shoes | ヴァーシュ

ハンガリーの首都ブダペストの中心に店を構えるヴァーシュには、世界各国からオーダーメイドの靴を求めて顧客が訪ねてくる。www.vass-cipo.hu

Vass Shoes

Vass Shoes

熟練した職人が一足一足を丹念につくりあげる革靴は芸術作品のよう。

サンクリスピンの設立者であり、販売の責任者でもあるフィリップ・カー。

Saint Crispin's

Saint Crispin's

Saint Crispin's | サンクリスピン

ルーマニアのヴラソフを拠点に美しい靴を一足一足丹念に創りあげる。www.saint-crispins.com

とって、東欧は隠された最後の楽園だ。

　ハンガリーの首都ブダペストにあるヴァーシュは、ブダペストスタイルと呼ばれる質実剛健なフル・ハンドメイド靴の名店である。フィレンツェの名靴職人ロベルト・ウゴリーニがプレタ商品をヴァーシュに依頼受注するなど、世界的な評価も高い。もちろんオーダーメイドも可能だ。ルーマニアのサンクリスピンの工房はヴラソフに置かれている。こちらも、ビスポークからプレタまで広くこなす名店だ。サンクリスピンもヴァーシュもメンズ・レディース双方を取りそろえている。

　気になるのは価格帯だが、現地価格はなんと日本の約半額程度。旅のついでに購入すれば、渡航費を含めても、国内で買う分の元が取れるかもしれない。旅行の際は、ぜひ一足お試しあれ。

（五野井郁夫）

あのポール・スミスも、ロシアに首ったけ。

ロドチェンコの本とたわむれるポール・スミス。時空を超えて都市のハートビートを掴む天才だ。

日本でも幅広い支持を受けているポール・スミスが、2003年にパリで発表した秋冬コレクションは、ロシア構成主義をモチーフとしたものだった。赤、黒、黄色、白をベースとした色使いで三角形や正方形などの幾何学模様を組み合わせ、タイポグラフィをのせた大胆なデザイン。彼が着想を得たものとはいったい何だったのか……?

その前年である2002年にロシアを初めて訪れたポール。歴史と文化、何よりも街角の店で見つけた文房具の線や色の使い方など、そのデザイン性にすっかり魅了されてしまう。しかも、その直後に仕事で訪れたニューヨークでMoMAに入ると、なんとロシア構成主義の展覧会が開催されていたというのだから、これはもう運命としかいいようがない。

ポール・スミスが2003年、PenのためにデザインしたオリジナルTシャツも、ロシア・アヴァンギャルドにインスピレーションを受けたデザインだった。

このようなロシアとの出会いから生まれたのが、２００３年のコレクションであった。彼が「ロッドチェンコ！」と呼び愛してやまない、ロシア構成主義を代表する偉大な芸術家、アレクサンドル・ロドチェンコも、ポール・スミスの都会的に洗練されつつも大胆なデザインにはうなるに違いない。

古いロシアの雰囲気が伝わる、ポールが大好きな絵。好奇心のままに世界を旅する彼は、旅先で気にいったモノはすぐに手にいれる。

東ドイツ発モード誌、『ジビレ』を知っているか？

東ドイツに「東のヴォーグ」と評されるほどハイクオリティのファッション誌が存在していたことをご存じだろうか？　１９５６年から90年まで隔月で発行され、20万部以上の売上げを誇った女性誌『ジビレ（Sibylle）』だ。

創刊当時から、ギュンター・レスラー、アルノ・フィッシャー、70年代からはジビレ・ベルゲマンなど、後に名を成す若手フォトグラファーたちを積極的に起用。60年代のファッション担当編集は、西ドイツで創刊され、当時斬新なレイアウトと写真で話題を呼んだ『twen』を目指していたという。当初はスタジオ写真的なものが多かったが、徐々に街へと舞台を移し、なにげない日常をとらえた写真が増えてくる。政府から発表される公式な写真に現れない、裏庭や貧しい一角に、カメラが向けられた。

1989年10月号。舞台は駐車場だが交通標識がアクセントとなり、スタイリッシュな仕上がり。写真はウテ・マーラー。

Sibylle Bergemann

ジビレ・ベルゲマン

●1941年、ベルリン生まれ。後に公私ともにパートナーとなるアルノ・フィッシャーの下で写真を学ぶ。70年代から『ジビレ』などの雑誌を中心に活躍。1990年、同じく『ジビレ』で写真を担当していたウテとヴェルナー・マーラー夫妻らとともにフォトグラファー・エージェント「オストクロイツ（Ostkreuz）」を立ち上げる。2010年死去。 www.ostkreuz.de/

80年代からは判型が小さくなりロゴも太字に。ベルリンの街を背景にしたモノクロ写真はいま見ても抜群のかっこよさ。右：ヴェルナー・マーラー、左：アルノ・フィッシャー。

ここでは「個性」も許されていた。美しいファッション写真には、家庭と仕事の両立に追われる女性が、少しの努力で美しくなれるという〝教育的〟な意味があるとされたのだという。しかしそのためミニスカートにNGが出たり、ベルゲマンに至ってはモデルの表情を笑顔に修正されたこともあったそうだ。

　あくまでも自然体で意志的で、聡明。これが『ジビレ』が理想の女性像として掲げていたものだ。ファッションだけでなく、40ページもの文化欄や「働く女性」の紹介記事も盛り込まれた。日常をテーマにする反面、誌面上の最新ファッションは簡単に入手できるものではない。型紙を付録に付け、既製品をアレンジしたり自作できるように試みた。

「ファッションはポートレート」とベルゲマンは言っていたという。洋服は重要ではなく、時を刻むものだと。この雑誌には、意外なほどにスタイリッシュな東ドイツの一瞬がとらえられている。

（河内秀子）

[参考]

p.9「労働者クラブ」の読書テーブル＆チェア
アレクサンドル・ロドチェンコ作、2003年(1925年デザインに基づく再制作)
監修:アレクサンドル・ラヴレンチエフ
制作指導:吉島忠男
技術支援:升貞治(東海テクノハイランド研究会)
制作協力:株式会社キタニ

p.11「ティーセット」
アレクサンドル・ロドチェンコ作、2003年(1922年デザインに基づく実制作)
監修:アレクサンドル・ラヴレンチエフ
制作指導:長谷川善一(岐阜県セラミックス研究所)
制作協力:株式会社セラミックジャパン、株式会社高根シルク、株式会社山愛、サイキ製型

p.19「ティーセット」
カジミール・セヴェリノヴィチ・マレーヴィチ作、1962年(1923年デザイン)
製作:旧ソヴィエト国立磁器工場

p.63右の写真
Lissitzky, El (Lissitzky, Eleazar 1890-1941): Amerika. Die (1)Stilbildung des neuen Bauens in den Vereinigten Staaten (Neues Bauen in der Welt. Band 2.), 1930. New York, Museum of Modern Art(MoMA). Cover with litographed lettering and photographic illustration on front, and litographed lettering (publisher's advertisement) on back. Page: 11 5/16 x 8 7/16' (28.8 x 21.5 cm).Gift of the Judith Rothschild Foundation. Acc. n.:366.2001.© 2013. Digital image, The Museum of Modern Art, New York/Scala, Florence/amanaimages

p.63左上の写真
Lissitzky, El (Lissitzky, Eleazar 1890-1941): Die Kunstismen/Les Digitale (1)'ismes' de l'art/ The 'Isms' of Art/Kunstismus, 1914-24 (1925). New York, Muséum of Modern Art (MoMA). Letterpress. Page: 10 1/8 x 7 11/16' (25.7 x 19.5 cm). Publisher: Eugen Rentsch. Edition:unknown. Gift of the Judith Rothschild Foundation. Acc. n.:279.2001.© 2013. Digital image, The Museum of Modern Art, New York/Scala, Florence/amanaimages

文　荒井 剛（p.33〜38）、川上典李子（p.8〜18、p.62〜66、p.112〜114）、
河内秀子（p.40、p.48、p.51、p.106〜110、p.140〜141）、五野井郁夫（p.134〜137）、
清 恵子（p.26〜28、p.44〜46）、高瀬由紀子（p.23〜24、p.53〜56、p.98）、
土田貴宏（p.76〜96、p.104〜105）、淵上正幸（p.29〜32）、柳原伸洋（p.120〜132）

写真　青野 豊（p.2、p.55中＆下、p.59中＆下、p.60中＆下、p.99、p.113、p.115〜116）、
高橋克實（p.121下、p.123上、p.125上、p.126〜127）、
塚本秀仁（p.55上、p.56〜58、p.59上、p.60上）、宮原夢画（p.9、p.11、p.19）、
柳原伸洋（p.121上＆中、p.123中＆下、p.124、p.125下、p.130上＆右下、p.131〜132）、
Jake Gavin（p.138〜139）、Gianni Plescia（p.51、p.106〜111、p.140〜141）、
Martin Polak（p.2〜3、p.27〜28、p.38、p.45、p.47）、
Philipp von Recklinghausen（p.2〜3、p.37、p.41〜43、p.49〜50）、
Thomas Svoboda（p.83〜85、p.87〜88）、Harriet Thomas（p.136右）

取材　増田幸弘（p.76〜97、p.104〜105）、鈴木文恵（p.68〜75、p.100〜103）、
Bob Cohen（p.68〜75、p.100〜103）

協力　岐阜県現代陶芸美術館、
Decorative Arts in Prague, DYDO POSTER COLLECTION,
The Ladislav Family, Saint Crispin's, Sestra Moja, Vass Shoes

校閲　麦秋アートセンター

ブックデザイン　SANKAKUSHA

カバーデザイン　黒羽拓明（SANKAKUSHA）

pen BOOKS
ロシア・東欧デザイン

2013年8月11日　初版発行

編　者　ペン編集部
発行者　五百井健至
発行所　株式会社阪急コミュニケーションズ

〒153-8541　東京都目黒区目黒1丁目24番12号
電話　03-5436-5721（販売）
03-5436-5735（編集）
振替　00110-4-131334

印刷・製本　大日本印刷株式会社

ISBN978-4-484-13226-6

pen
BOOKS

ペン・ブックスシリーズ
好評発売中

茶の湯デザイン

木村宗慎【監修】
ペン編集部【編】
ISBN978-4-484-09216-4
200ページ　1800円

茶室、茶道具、花、懐石、菓子、抹茶……日本の伝統美の極みを、あらゆる角度から味わい尽くす。

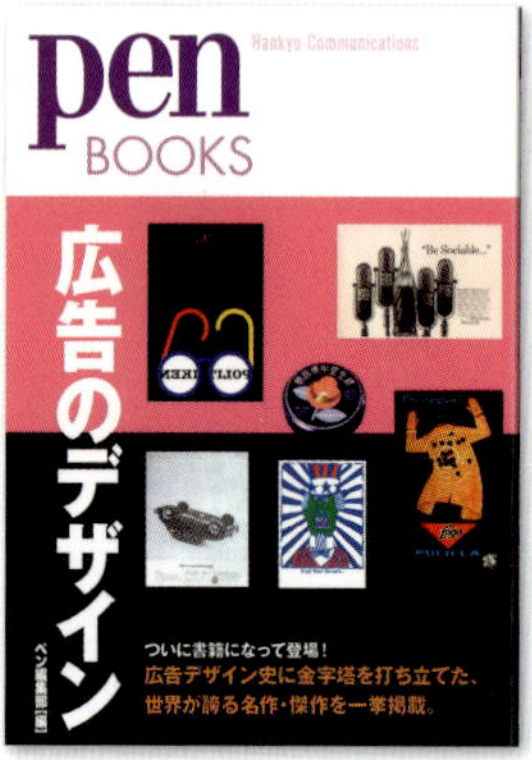

広告のデザイン

ペン編集部【編】
ISBN978-4-484-10209-2
112ページ　1500円

ドーフスマン、DDB、シーモア・クワスト、山名文夫……広告デザイン史に金字塔を打ち立てた、世界が誇る名作・傑作を一挙掲載。

江戸デザイン学。

ペン編集部【編】
ISBN978-4-484-10203-0
120ページ　1500円

浮世絵、出版物、書にグラフィック……「粋(いき)」という美意識が生んだパワフルで洗練された庶民文化に、いまこそ注目！

※定価には別途税が加算されます。